JN176718

地域コミュニティをつくって稼ぐ 地域No.1コンサルタントがしていること

赤松 範胤

同文舘出版

はじめに

努力より、正しい選択を優先する

私は、岡山県岡山市という地方都市でコンサルタント業を行なっています。当たり前ですが、クライアントのほとんどが地元である岡山県内の企業です。

しかし、みなさんも感じていると思いますが、地方においてコンサルタントを含めた士業、カウンセラー等が、おためしや無料ではなく、正規の有料クライアントを獲得するのは容易なことではありません。

そこで本書は、地方において地域密着でビジネスを行なうコンサルタントや士業、カウンセラー、セラピストの方の中でも、「地域Ｎｏ．１になって年収７００万円以上を得たい」、あるいは「大きく飛躍して、専門家として大勢のクライアントの役に立ちたい」という方のために書きました。

私が、クライアントをご指導するとき、常に心がけている言葉があります。

それは、「努力より、正しい選択を優先する」ということです。

私が面談するほとんどの人は、現状をどうにかしようと努力しています。しかし、その努力の方向が間違っていれば、いくら努力したところで効果的な成果は得られないことになります。そこに気づかなければ、努力が報われない人生になってしまう可能性があるのです。

本書では、私が実際に行なっているコミュニティのつくり方、そしてその運営方法から、クライアントを見つけ出して契約に至る面談のやり方までをお伝えします。

まったく専門家としての知識も経験もない人では無理かもしれませんが、専門知識や技術を人並に身につけている人でしたら、必ず役立てていただける内容だと自負しています。

さあ、努力が効率よく成果へつながる世界。地域No.1コンサルタントとして、誇りある年収700万円の世界に飛び込んでいきましょう。

2015年11月

赤松範胤

1章

地域コンサルタントが地方から変える

2章 地域コンサルタントの見込み客の集め方

3章 オフィシャルコミュニティのつくり方

4章　オフィシャルコミュニティの運営のやり方

5章　コミュニティの中で影響力を発揮する

6章 地域コンサルタントとしてクライアントから選ばれる方法

装丁／DTP　春日井 恵実

1章

地域コンサルタントが地方から変える

1 成長社会から成熟社会へ

成長社会の終わり

私は、岡山県という地で地域密着型の経営コンサルタントを行なっています。

こんなことを書くと、「岡山みたいな田舎で、コンサルタントとしてやっていけるの?」という声が聞こえてきそうです。

たしかに私も、コンサルタントを名乗る前はみなさんと同じように考えていました。

それ以前に、コンサルティング会社と言えば、都会の大手企業と契約して何億も売上げをあげるイメージで、外資系で言えば、ボストン・コンサルティング・グループとか、マッキンゼー&カンパニー、日本系で言えば、船井総合研究所やタナベ経営等の超有名なコンサルティング会社で、そこで働くコンサルタントのみなさんは、超優秀なエリートだろうなと思っていました。

「コンサルタント」を辞書で調べてみると、「企業経営などについて相談を受け、診断・助言・指導を行うことを職業としている専門家」(デジタル大辞泉)と明記されています。

ですから、地方のちっぽけな会社オーナーの私が経営コンサルタントになるなんて、本当に夢にも思いませんでした。

1960年頃の高度経済成長期に、コンサルティング会社は日本にやってきました。このときの顧客は日本企業ではなく、日本に支店を出していた外資企業でした。

日本の企業は、コンサルタントという業種が何をしているのかわからず、そこにお金をかけることは考えられなかったようです。

会社の経営という重要なポジションに、どこの誰ともわからない人間が介入することは、日本人経営者にとっては抵抗感があったのでしょう。

また心理的な理由だけでなく、時代背景的にも高度成長期と安定成長期にいた日本企業の多くは、とくに何もしなくても毎年数%成長を続けられる状況だったため、コンサルタントそのものの必要性があまりなかったようです。

しかし1992年頃、日本はバブル経済の崩壊とともに成長社会に終わりを告げて成熟社会に突入しました。

成熟社会は成長社会と違って、放っておいても毎年数%成長できる社会ではありません。成長社会のときに企業が確立していた考え方や方法論は、一部を除き多くが使用不可能なものになりました。かつてのように、「よい製品を世に出せば必ず売れる」という単純な時代ではなくなったのです。

成熟社会では、ニーズの多様化によって、「よい製品」が「誰にとってのもの」なのかが重要になってきたのです。

つまり、画一的な商品では市場から選ばれにくくなったので、企業は見込み客を集める行為、いわゆる「マーケティング」と呼ばれる行為を行なう必要が出てきたのです。

成熟社会へ突入！「個対多」から「個対個」へ

もちろん、成長社会のときにも「マーケティング」という行為は行なわれていました。マーケティングの王道は何と言っても、「TV・ラジオ・新聞・雑誌」等のマス媒体です。企業は、ひとつの商品を何度も繰り返し宣伝することによって、多くの顧客の記憶にイメージづけを行なっていました。

この時代の価値観は、「みんなと一緒」「一億総中流」というものでした。

成長社会のマーケティングにおける企業と顧客の関係は、「個対多」だったのです。

しかし、成熟社会では精神的な豊かさを求める人が多くなり、意識の変化や価値観の多様化が起きています。今までのように、マス媒体で広告を行なっても成長社会時代のような効果は得にくくなっています。

同時に広範囲に情報を届けるよりも、価値観の一つひとつに的確に対応していくことが、成熟社会のマーケティングには必要になります。インターネット広告の市場が右肩上がりでどんどん伸びているのは、「検索キーワード」に対応する広告を表示する技術が確立され、その精度がますます上がってきているからです。

つまり、成熟社会のマーケティングにおける企業と顧客の関係は、「個対個」なのです。企業と顧客の関係が「個対個」になり、マーケティングのやり方が変化したことにより、資本の少ない中小企業でも、地方の企業でも、多様化したニーズの一部に対応できれば、場合によっては大企業に対抗できるようになりました。

テレビCMや新聞広告を行なわなくても、顧客と信頼関係を築くことができれば、見込み客を集めることが可能になったのです。

そして、顧客と個別につながることで顧客をさらに理解し、共感できる商品やサービスを提供することにより、その関係性がますます強化されていくのです。

私は、成熟社会におけるビジネスでは、顧客との関係性を深めることが必要不可欠だと考えています。そのうえで、私のような地域コンサルタントが見込み客の信頼を勝ち取って仕事を受注するには、まず同じようなニーズを持っている見込み客を集めることに注力する必要があると考えます。

これが、私がコミュニティづくりをおすすめする最大の要因です。

「魚を与えるより釣り方を教えよ」という言葉がありますが、私の場合、釣り方よりも先に池に魚を集めます。言葉は悪いのですが、池にたくさんの魚がいる「釣り堀」のようなものを自らつくり、その中で魚を育てていけば、釣り方や道具が少々不完全でも魚は釣れるという発想です。

コミュニティづくりも、同じ価値観を持つ人たちと集い、学びながら関係性を深めていくことが大事です。そこでコンサルティングサービスが必要とされたら、かなりの確率であなたが選ばれることになります。

そこにこそ地域密着型の経営コンサルタントが活躍できる場があるのです。

2 中小企業にもコンサルタントが必要な時代

1社1コンサルタント時代の幕開け

私が、地方でのコンサルタントの必要性を肌で感じたのは、私自身の起業のときでした。私は2008年、岡山県で起業しました。起業するまで私は、複数の会社でさまざまな営業職を経験しました。形のある商品としては、1個50円の包帯から1棟6400万円のアパートまで、形のない商品としては、30万円の冠婚葬祭の会員権を販売しました。

私自身、トップセールスマンになったことはありませんが、どの会社でも3位には入賞する、いわゆる「売れるセールスマン」であると自負していました。ですから、私くらいの営業力があれば、何とか食べていけるだろう。そんな簡単な気持ちで起業してしまったのです。

まず手始めに、家庭用の光回線を販売したり、家電品を仕入れて販売しました。しかし当初の思惑と違い、3ヶ月経過してもまったく売れませんでした。私はこのとき初めて、自分の営業力を過信していたことに気がつきました。私が売れていたのは、私の営業力ではなく、会社の看板があってこそだったのです。

そこで私は、何をどのようにすればいいのかを必死に考えました。しかし、当時の私にはまったく経営とかマーケティングの知識はなかったため、専門家に頼もうと、インターネットで岡山県のコンサルタントと呼ばれる人たちをかたっぱしから検索しました。

しかし、製造業の業務改善や会社設立の方法、税金についてのサポートをしてくれる専門家はいましたが、ビジネスを一から教えてくれる専門家は見当たりませんでした。

そこで、後に私がアドバイザー登録する、経済産業省後援事業である「ドリームゲート」の専門家を訪ねて、岡山から2時間かけて大阪までビジネスを学びに行ったのです。

それ以降、私は3ヶ月間、さまざまなセミナーに参加して、最低限のビジネスマインドやノウハウを習得して何とかインターネットショップを開店させ、ビジネスを軌道に乗せることができました。

このときの経験から、私は地方でビジネスを行なっている中小企業の経営者や起業家にも、ビジネスの仕組みを教えるコンサルタントは必要だと確信したのです。

今の時代は消費者のニーズが多様化していて、本当にビジネスで利益を上げることがむずかしい時代です。大企業とはいえ、すべての顧客ニーズには対応できません。そんな時代だからこそ、経営基盤が安定していない中小企業や起業家には、コンサルタントが寄り添って経営者を支え、**お客様から選ばれるビジネスをつくる**必要があると感じたのです。

最近では、地方の家族経営の商店や起業間もない個人事業主の人でも、意識の高い人は、コンサルタントを積極的に活用するケースが増えています。私の目指す、1社1コンサルタントの時代はすぐ目の前にきているのです。

都市型コンサルタントと地域コンサルタントの違い

1社1コンサルタントの時代がやってくると言っても、どんなコンサルタントでも地域で必要とされるわけではありません。

私は、コンサルタントは大きく分けると、【都市型コンサルタント】と【地域コンサルタント】の2種類に分けられると思っています。地域に必要なのは、もちろん【地域コンサルタント】です。

都市型のコンサルタントとは、東京や大阪などの大都市にオフィスを構えている、船井総合研究所のような各分野のコンサルタントがたくさんいるコンサルタントを指します。

さらに、その中は2つに分類され、独自の理論や法則を長年研究していて、科学的な根拠に基づくアドバイスを行なう「学者タイプ」のコンサルタントと、多くの会社の事例や論文、書籍からノウハウを集めて、相談内容と類似するケーススタディによりアドバイスをする「評論家タイプ」のコンサルタントがいます。

都市型コンサルタントには、大手企業のプロジェクトに参加したり、地方公共団体のセミナー講師として活躍している人が多くいます。都市型コンサルタントは研究した理論や過去の事例がノウハウの中心となるため、実際にはビジネスの経験がほとんどない人もいます。

地域コンサルタントとは、実際に地域で独立して経営者として事業を行なっているコンサルタントです。地域密着型のコンサルタントと言ってもいいでしょう。

地域コンサルタントが、地元の中小企業の経営者に選ばれる理由は3つあります。

まずひとつ目は、地域で実際にビジネスを行なっていると、都市型コンサルタントにとっては当たり前だと思われている机上の理論や事例が、必ずしも当地では通用しない場面がたくさんあります。

そんなときは、理論や事例を地域特性や顧客特性に合わせて取捨選択し、場合によっては修正する必要があるのですが、地域コンサルタントは、机上の理論を当地の事情を踏まえたまったく別の実践的なノウハウとして蓄積している場合が多いのです。この実践的なノウハウが、地元の経営者にとっては魅力的で、充分に選ばれる理由になります。

2つ目が、中小企業の経営者は自身が会社の先頭に立ってビジネスを行なっている場合が多いため、会社に社員として雇われているコンサルタントよりは、経営者として立場が同じである、独立しているコンサルタントの言葉を聞きたいと思っている人が多いことです。

私の場合も、1年目でコンサルティング契約をいただいたときの契約理由を伺うと、「地元で成果を出しているから」という声が圧倒的に多かったのです。

3つ目は、当たり前のことですが、当地でビジネスを行なっているため、物理的に会社との距離が近いということです。

何か用件を伝えるためにどちらかが会社に出向くとしても、移動距離が短いというのは、時間と経費の大きな削減につながります。また顧客との接触頻度を高めることも容易にできますし、顧客から直接、新しいクライアントを紹介していただく可能性も高いというメリットもあります。

とくに、**自らも経営者であるということと、見込み客との距離が近い**ということは、地域コミュニティをつくるうえでも非常に重要なポイントになります。

3 年収700万円稼ぐコンサルタントになれ!!

成功のチャンスは誰にでもある

ひょっとするとあなたは、地域コンサルタントとして成功することはむずかしいと思っているかもしれません。たしかに同じコンサルタントとして活動するなら、都会のほうが見込み客も多くいそうだし、報酬単価も地方より高そうなイメージがあります。私もコンサルタントを始める前は、そのような考えを持っていました。

しかし、実際にコンサルタントとして地域で活動していくと、必ずしも都会が有利なことばかりではないとすぐにわかりました。都会のほうが見込み客がたくさんいることは間違いないのですが、同じようにそんな会社をターゲットにしているコンサルタントも大勢います。

つまり、競争が激しいのです。また数が多いだけでなく、都会には圧倒的な成果を出してすでにブランドを確立しているコンサルタントの方が何人もおり、そういった人たちと戦っていくことは並大抵のことではありません。

つまり駆け出しのコンサルタントにとって、都会は〝レッドオーシャン（赤い海＝競争の激しい市場）〟であると言えます。

地方では、都市部と比べると見込み客が圧倒的に少ないことはたしかです。しかし、私の住む岡山県では、コンサルタントと呼べるような人はほとんどいない状態でしたし、コンサルタントと契約しているという会社もほとんどありませんでした。つまり地方は、競争があまり激しくない〝ブルーオーシャン（未開拓の市場）〟なのです。

このことが何を意味するのかと言うと、仮に見込み客が少なくても、効果的にクライアントとめぐり会えることができるなら、地方でもコンサルタントして成功できる可能性が高いということです。

私が定義する地域コンサルタントでの成功とは、安定的かつ継続的に年収700万円を稼ぎ出すということです。

なぜ年収700万円なのかと言うと、平成24年の統計でコンサルタントの平均年収が596万円、コンサルタント業界国内最大手の船井総合研究所の平均年収が632万円という金額だからです。

士業全般を見ても、弁護士の平均年収が約1180万円、社会保険労務士が約530万円なので、士業としての最初のステップとして年収700万円あれば、とりあえず成功と言っていいと考えています。

読者のみなさんには、たとえどこの地方で活動するにしても、まず年収７００万円を目指していただきたいと考えています。効果的に見込み客を集めることができて、クライアント契約を結ぶことができれば、どこの地方であっても年収７００万円は充分可能な金額です。

なぜなら、あなたのスキルが本当にすばらしくて、会う人すべてをクライアントにできるとしても、すべての人をクライアントにすることは物理的にできません。コンサルタントが、年間に関わることのできる人数はそんなに多くはありません。

よく、コンサルティング実績○千人と言う人がいますが、私に言わせれば、魂を入れて真剣にコンサルティングをしているのであれば、年間１００人も面談して成果を出すことは不可能です。私の場合、一度に抱えるクライアントは10社までと決めています。これだけでも、単純に年収７００万円は超えるのです。

あなたの周りに**10人程度、あなたのことを評価して依頼してくれるクライアントができればいい**のです。

ですから私は、成功のチャンスは誰にでもあると確信を持って言えるのです。

コンサルティング能力と年収は必ずしも比例しない

優秀なコンサルタントほど、年収は多いものでしょうか？

たしかに、コンサルタントとしての能力がある一定のレベル以下だと、コンサルティングの内容に支障が出るため、クライアントを獲得することができなかったり、仮に契約を取れても効果に問題があってすぐに契約解除されるといったことも考えられます。

ですから、ある一定レベルの能力は必要ですが、逆に言うと、そのレベルに到達しているか、もしくは何かひとつの能力が異常に突出しているのであれば、それ以外の能力はそんなに重要視しなくても大丈夫だと思っています。

もちろん、コンサルタントして活動していくのですから、コンサルティング能力が高いほうがより有利であることに変わりはありません。しかし、私の友人や業界の中を見渡しても、客観的にコンサルティング能力の〝差〟を計り知ることはほとんどできません。ですから、コンサルティング能力の高さと収入は、あまり関係ないと私は考えます。

それよりも、大切なことがあります。それは、いかに**見込み客に必要とされたときにコンサルタントして身近な存在になっているか**、ということです。

これは、どんなビジネスにおいても当てはまることですが、いかにすばらしい商品やサービスを提供しても、お客様がその商品の存在を知り、どのようにすれば購入できるのかを知らなければ、買ってもらうことはできないということです。

つまり、あなたが優秀なコンサルタントだということを、見込み客に知ってもらうことが最重要なのです。そして、気軽に相談してもらえる環境をつくることができたら、見込み客が必要に迫られたときに、かなり高い確率で問合せがくるのです。

私は、見込み客が必要なときに、**一番最初に問合せをしてもらえることが、コンサルタントビジネスの成否を分ける**と言っても過言ではないと考えています。見込み客から最初に相談や問合せをしてもらう環境をつくることができれば、相談内容を糸口に、クライアントに発展させていくことは自然にできると思います。

こうできれば、むだな営業をする必要はほとんどなくなります。現に私は、営業にはかなり自信を持っていますが、現在は積極的に営業活動をしていません。その代わりに、見込み客とより親密になり信頼関係を築く仕組みづくりをしています。

見込み客と信頼関係を築く仕組みとは、自分中心のコミュニティをつくるということです。あなたが主催者となって、あなたのファンをつくり、育てていけるようなコミュニティをつくるのです。

ただし、あなたが中心と言っても、地位や権力や資格でメンバーを集める、「先生と生徒」というような関係のコミュニティではなく、集まってくる人たちが自分の意思で集まり、コミュニティ自体が自主的に運営されて、その価値をメンバーで共有するようなコミュニティです。

このようなコミュニティを運営することで、たとえコンサルティング能力がズバ抜けていなくても、地域コンサルタントとして充分に活躍できるのです。

顧問型コンサルタントのすすめ

コンサルタントとして活動していくときに、クライアントとの関わり方は非常に大切です。関わり方とは、クライアントの〝戦略レベル〟で関わるのか、〝戦術レベル〟で関わるのかということです。

戦術レベルで関わるのは、会社のやっていることについて「その効果を最大限発揮させる」という関わり方です。たとえば、クラインアントが効果的なチラシをつくりたいと考えれば、チラシ作成の方法を教えてほしいと依頼してきます。また、よい人材を採用したいと思えば、採用に関することを知りたいと依頼してきます。

このように、クライアントの行なっている作業の一部に関して改善し、または最大限の効果を得るような関わり方です。

戦術レベルでの関わり方の場合、契約の方法は単発、もしくは3ヶ月程度のスポット契約になることが多いものです。

一方、戦略レベルで関わるのは、クライアントの意思決定の部分や決定したことを行動に落とし込む判断に関わるということです。企業にとって最も重要である、企業理念とか企業のミッションといった中枢部にも関わっていくのです。

たとえば、企業が集客することを第一の営業目標にしたとします。集客の方法はホームページやSNS、ブログ、メールマガジン、名刺、手紙、営業、マーケティング、チラシ、コミュニティ等、たくさんあります。また、どんな顧客を何のために何人集客したいのかによって、自社のリソースや強みに応じて、最適な方法を取捨選択し、場合によってはそれらを複数組み合わせて無理なく実行しなければなりません。

コンサルタントには、そのための客観的な判断が求められます。

戦略レベルで関わるということは、単に販売数を増やして売上げを上げるという〝やり方〟に留まらず、どのような企業イメージを顧客に持ってもらうかを考える、ブランド構築の〝あり方〟にも関わっていきます。戦略レベルで関わると、必然的に問題解決するまでに時間がかかるので、顧問契約になることが多いものです。

私の場合、顧問契約は最低1年間とさせていただき、じっくりと長期的にクライアントに寄り添って問題解決に取り組みます。そうすることで、問題を根本から改善できることはもちろん、企業理念やミッションといった、企業の根幹に関わる部分を一緒に作成することができるのです。

また、企業価値を高めるブランド構築や社員教育といった、長期的な企業経営を見据えたお手伝いが可能になります。

さらに顧問契約だと、1年間顧問料が途切れる心配がないということも、精神的に安定するため、クライアントの成果のために集中できるというメリットがあります。

「戦術レベル」と「戦略レベル」のどのレベルでクライントと関わっていくかはあなたしだいですが、私がコンサルティングを学んだマーク・ムネヨシ先生の言葉に「コンサルタントはクライアントのしもべであれ」というものがあります。

私は、「どんなときもクライアントに寄り添って、あるときは励まし、あるときは叱咤して、あるときは落ち込み、クライアントとともに成長し、いいことも悪いことも共有できる本当の意味でのパートナーになることを目指せ！」という教えの言葉だと理解しています。

私としては、たくさんのクライアントに少しずつ関わるよりも、少数でも**じっくり責任を持って会社の成長を見守ることができて、クライアントとの人間関係がより深くなれる**、顧問契約という関わり合い方をおすすめします。

メンバー参加型のオフィシャルコミュニティで集客する

顧問契約にしろスポットでの契約にしろ、地域コンサルタントや士業でやっていくには、ある程度の見込み客が必要になってきます。私は、「コミュニティをつくって見込み客を集めれば効果的である」とお伝えしていますが、どのようなコミュニティでもつくればいいというわけではないし、いくら集客したいからと言っても、集客メインで内容の薄いコミュニティであれば、当然長続きしません。

私がおすすめする効果的なコミュニティとは、あなたが主催者となって立ち上げるのですが、決して先生と生徒というような縦の関係を強調するのではなく、コミュニティの大義に賛同する同じ仲間として、参加者同士の横のつながりを重視しながら、運営メンバーが自主的にコミュニティを運営する、そんなコミュニティです。

もう少しわかりやすく言うと、あなたが中心ではあるものの、決して上下の関係ではなくフラットで、運営自体もあなたが行なうのではなく、数名のコアメンバーが中心となって運営していくコミュニティです。

コンサルタントや士業の人であれば、どんなことにせよ学ぶ意識が高い人は、見ていて、つい応援したくなると思います。私も、一所懸命がんばっている人や学ぶことに熱心な人は、

◉「成功志縁塾」の講演風景

仕事を度外視して応援したくなってしまいます。そんな気持ちをコミュニティに活かしてほしいのです。

私は、２０１１年4月より、毎月1回のペースで、「成功志縁塾（岡山）」という勉強会を開催しています。私が塾長としてコミュニティを主催していますが、運営は私を含めた7名のコアメンバーが行なっています。

この勉強会は、基本的には毎回、地元の起業家や経営者を講師として招いて、ビジネスや人生観についての講演を行なっています。地元の起業家や経営者の講師と言っても、すでに大成功している経営者ではなくて、まだ成功の過程にいる、学びの最中の受講生として参加している人の中から講師を選定しています。

多くの起業家や若手の経営者もセミナーを受講し、ノウハウを蓄積することを重要視していますが、同時に自分が学んできたことを、さらに若い起業家に発表する場を求めています。受講生の中から、次の講師を選定することで、より受講生の参加意識が高くなるのです。

講師が毎回変わるということは、講演のテーマもまったく違ったものになりますから、新しい受講生を集客する効果も高くなります。

「成功志縁塾（岡山）」は、このような運営を続けた結果、コミュニティは3年を超え、参加人数は延べ1000名以上になりました。さらに、私と志を同じくした仲間が東京と大阪で、成功志縁塾を立ち上げてくれています。

こうしたコミュニティが完成すると、意図しなくても毎月ある程度の参加者が見込めるようになります。地域コンサルタントとして成功するために、このような状態を、みなさんにも築いていただきたいのです。

2章

地域コンサルタントの見込み客の集め方

1 あなたのお客様は誰でしょうか？

もし、あなたが神様だとしてもすべての人は救えない

それでは、あなたのオフィシャルコミュニティの概要のつくり方をお伝えします！　と言いたいところなのですが、ちょっと待ってください。

たしかに、どんなコミュニティをつくるかということも大切なのですが、コミュニティづくりは、あなたがコンサルタントとして活躍するための手段のひとつです。あなたのコンサルティングが最大限に活かされるように、まずは**あなた自身のクライアント像を明確にしておく**必要があります。

最初に、「自分のクライアントはこんな人！」と決めておいて、その条件に合う人に魅力的なコミュニティを提供していくほうが、お互いのミスマッチを防ぐことにつながります。

こんなことを言うと、ひょっとしたら、「私は全般的に得意なので、どんなクライアントがきても大丈夫です」と答える人がいるかもしれません。

たしかに、みなさんの中にも守備範囲が異常に広く、マーケティングから財務、人事まで

こなしているスーパーコンサルタントもいることでしょう。

しかし、すべての人を満足させる一流のサービスを行なうことは非常にハードルが高いことですし、クライアントから見ても、何でもできる人というのは特徴がなく、選びにくい存在になりがちです。

あなたが「どんな人でも救うことができる神様」だったとして、世界中のすべての人を救うことはできるでしょうか？

世界には3大宗教と言われるものがあります。信者数はキリスト教が20億人、イスラム教が13億人、仏教が3億6000万人となっています。つまり、完全無欠なイメージがある神様であっても、世界中のすべての人から支持されているわけではないのです。そればかりか、世界の人口はおよそ72億人と言われていますから、一番信者の多いキリスト教でさえ、世界でのシェアは30%程度なのです。

神よりもはるかに未熟な私たちがすべての人を救おうと思うことは、志が高いのはいいことですが、実際には不可能であると言わざるを得ません。

私が主催している「成功志縁塾（岡山）」も、最初は5人しか集まりませんでした。しかし、その5人のうちの4名が初期の運営メンバーになってくれて、コミュニティを盛り上げる活動を手伝ってくれました。

これは、集まったメンバーの属性とコミュニティの趣旨がマッチした結果だと思います。たくさんの人数で派手に活動するコミュニティを目指すのもいいですが、**最初は少数精鋭でコミュニティの質を上げる**メンバーを集めたほうが、結局は長期間存続できるコミュニティになるのです。

ターゲットを明確にする

たくさんの見込み客の中から、あなたにふさわしいクライアント層を決めることがコミュニティづくりの第一歩であるとお伝えしましたが、では、どのような部分に着目してクライアントを絞っていけばいいのでしょうか？

私が、ターゲットを明確にするときの着眼点は2つです。

- **ひとつ目は、あなたの商品やサービスにお金を支払うことができる人であること**
- **2つ目は、ひとつ目で決めた人を満足させる商品やサービスを自分が持っていること**

この2つに着目して、あなたにふさわしいクライアントを具体的に定義していけばいいでしょう。

ひとつ目の、「あなたの商品やサービスにお金を支払うことができる人」というのは、当然のことですが、あなたのサービスをいくら気に入ってくれて、ぜひ利用したいと思ってくれたとしても、料金を支払ってくれない、もしくは支払えないのであれば、残念ながらクライアントにはなりません。ですから、ターゲットの経済状態や収入の安定性をまず考慮する必要があります。

また、私の場合は基本的に個人ではなく企業を対象にしているので、その場合は企業の規模や成長性なども考えておく必要があります。

2つ目の、「ひとつ目で決めた人を満足させる商品やサービスを自分が持っている」ということでは、単純にクライアントの問題を解決できる商品力が必要なのはもちろんですが、それ以外にも、クライアント層に対してのあなたや会社の企業イメージがよくないといけないし、商品価値に対する価格競争力も重要になってきます。

さらにターゲットを明確にしたいときは、ペルソナ手法を用いるのも効果的です。ペルソナ手法とは、架空のユーザーの人物像（ペルソナ）をつくり、その視点で商品の開発を行なうマーケティング手法です。とても効果のある手法ですし、専門の解説書も出ているので、興味のある人はそちらも勉強されることをおすすめします。

また、見込み客の対象を絞り込むと言っても、ターゲット層は必ずひとつである必要はありません。あなたの商品やサービスの内容、市場の大きさに応じて、2つか3つくらいまでなら、クライアントとなるターゲット層を設定してかまいません。

地域での集客に必要な3要素①ブランディング

地域でコンサルタントとして活躍するためには、継続して顧客から選ばれる必要があります。私は、地域コンサルタントが選ばれるための要素は3つあると考えています。その第一の要素が「ブランディング」です。

ブランディングとは、みなさんもよく耳にする言葉だと思います。しかし、「ブランディングとは何か」を明確に説明できる人はなかなかいません。ブランディングの意味を正しく理解して実行することは、コンサルタントにとって非常に効果的に活躍の場を広げることにつながります。

私は、コンサルタントにおけるブランディングとは、「あなたの考え方やノウハウ、スキル、歴史、サービス、記号、シンボル、ロゴ、デザインなどを組み合わせ、クライアントに対して共通のイメージを正しく演出し、価値をつくり上げるように、あらゆる場面で伝えること」だと考えています。

そして、ブランディングの目的はただひとつ、「あなたの価値」を高くすることです。「あなたの価値」とは、お金では測ることのできない「見えない価値」で、この価値がクライアントから選ばれる要素のひとつになります。コンサルタントにとってブランドを確立することは、顧客の心の中にイメージとして存在する、目に見えない価値を創造することなのです。

ブランディングのためにクライアントに伝えるポイントは3つあります。

①あなたは誰なのか？

仕事のキャリア、学歴、実績などをわかりやすい言葉やイメージで伝える。

②あなたの専門性は何か

何についての専門家なのか。クライアントにとって最も利益を生むことは何か、を伝える。

③あなたが選ばれる理由

なぜ、あなたが顧客から選ばれているのか？　その理由を的確に伝える。

要するに、あなたがクライアントにどのようなイメージを持ってほしいのかを明確にして、上記3つのポイントを常に満たすように、一貫性を持って、あなたのことをできるだけ多くの媒体（名刺、チラシ、パンフレット、ブログ、ニュースレター、テレビCM等）を用いて演出し、伝えていくということです。

たとえば、「名刺専門のコンサルタント」の人は、名刺をこだわったものにしてください。「ホームページコンサルタント」の人は、自社ホームページにこだわってください。「イメージコンサルタント」の人は、外見に気を遣ってください。

あなたが表現しているものと、伝えたい専門性とで一貫性がないとクライアントに思われると、ブランドイメージが悪くなる可能性があります。

ブランディングがうまくいき、「あなたの価値」が正しく伝われば、多少価格が高くても、クライアントはあなたを選ぶでしょう。そこで価格競争を回避することができて、収益性が上がる効果も大いに期待できるのです。

地域での集客に必要な3要素②ポジショニング

地域コンサルタントが顧客に選ばれるために必要な2つ目の要素が「ポジショニング」です。

ポジショニングとは、「クライアントの心の中に他の商品・サービスとは違う特別なものとしてイメージしてもらうための活動」のことを言います。

ポジショニングの目的は、顧客にとって**「自社の商品やサービスが競合商品とどのような違いがあるのか？　どのような位置づけなのか？」**をわかりやすく覚えてもらうことです。

とくに、地方においてはコンサルタントがどんなことをしてくれて、どのように活用すればいいのかをわかっている人はあまり多くはいません。

コンサルタントの専門分野は本当に幅が広く、「経営コンサルタント」「ＩＴコンサルタント」のようによく聞く名称から、「再開発コンサルタント」や「農業開発コンサルタント」のような、あまり聞いたことがない名称まで、数多くの種類があります。

ですから、あなたのコンサルティングと、競合するコンサルティングの違いが伝わっていなければ、顧客はあなたのコンサルティングを選択する決定打がないということになります。

重要なのは、ポジショニングするときには、あなたの都合で定義するのではなく、**顧客からの視点を持って考える**ということです。

ポジショニングは、一般にX－Y軸の2次元のグラフで表わします。X軸、Y軸に顧客が購入したくなるようなニーズを設定します。グラフは以下の4点を満たす必要があります。

・市場の規模が適切であること
・顧客に明確に伝わること
・顧客が重要だと考えていること
・あなた自身のポジショニング（理念、ミッション）と、サービスのポジショニングに一貫性があること

軸にする顧客のニーズや利益の考え方は、たくさんあります。たとえば、

『サービスの機能による軸』

高価－廉価、多機能－単機能、大きい－小さい、簡単－むずかしい、利益－コスト、ソフ

ト－ハード

『サービスのイメージによる軸』

明るい－暗い、伝統的－先進的、無難－挑戦、和風－洋風、内面的－外面的、マイナー－メジャー

『対象顧客による軸』

男性－女性、富裕層－貧困層、子ども－大人、経営者－会社員、同業－異業

など、挙げればきりがないほどあります。

すぐにベストなポジションは見つからないかもしれませんが、あなたにも必ずピッタリな軸があるので何度も軸を変えてみてください。ポジショニングを決めたら、そのポジショニングで地域市場のNo.1になることに徹底的にこだわってください。No.1とNo.2では、相手に与える印象がまったく違ってきます。

地域での集客に必要な3要素③差別化

3つ目に地域コンサルタントが選ばれるために必要な要素が「差別化」です。

「差別化」とは文字どおり、他者には真似のできない独自性を前面に押し出すことで、業界内で特異な立場を獲得することです。

ただし当然ながら、ただ競合相手と違っていればいいというわけではありません。顧客にとって価値のないところで差別化しても、まったく意味がありません。

顧客に〝価値〟として認知され、なおかつ競合相手が簡単に真似のできないものである必要があるのです。

コンサルタントにおける差別化の方法は、大きく分けて3つあります。

①サービス自体による差別化

最も一般的なのが、サービスそのものの差別化です。たとえば、『売上げを上げる』というコンサルティングサービスでも、「10倍売上げを上げる」というような圧倒的な成果だったり、「30日間で売上げを上げる」といった期間だったり、やり方をひとつの方法だけでなく、いくつも提案できると顧客から選ばれることにつながります。

また、私のように面談場所がホテルや相手先ではなく、自分のオフィスでできるということや、逆にスカイプ等を使って非対面でもコンサルティング可能など、環境も重要な差別化要因になります。

②サービスの提供方法による差別化

サービスの販売、提供方法も差別化の要因になります。ホームページ、メール、SNS等は当たり前になりつつありますが、フリーダイヤルなどは持っていない人も少なくありません。逆に、通常の申し込みは受け付けず、既存客からの紹介でしか提供しないとすれば、かなりのプレミア感が演出できます。

③顧客との関係性による差別化

私は、同じ商品を同じ値段で購入するのであれば、知り合いがいる店で購入します。

つまり、あなたが顧客との関係性を深く築ければ、それだけで差別化になります。コンサルティング契約のような高額なサービスは顧客の購入リスクが高いので、少しくらいの価格差ならば、必ず信頼関係が構築できているほうが選ばれます。

「ブランディング」「ポジショニング」「差別化」の3要素は、コンサルタントにとってお客様に選ばれるために必要不可欠な要素です。この3つをすべて満たすことができると、あなたのサービスは、顧客にとってのニーズや欲求を満足させる特別なサービスとしてクライアントの記憶に残る存在となります。

そうなれば、あなたのコンサルティングを必要と感じたクライアントのほうから、あなたに問合せをしてくるようになるのです。

②努力よりも正しい選択を優先する

営業しないことが何よりの営業である

地域コンサルタントとして独立するときに、最初に直面する問題が、クライアントの安定的な確保です。この問題は、ビジネスを続けていく限り永遠に続きます。よく、コンサルタント業は営業がむずかしいと言われますが、本当にそのとおりです。

コンサルタントが大々的に営業をすることは、自分自身の会社経営がうまくいっていないという印象を相手に与える可能性がありますし、仮に営業がうまくいっても価格を下げなければいけないことは必至です。コンサルタントとしては、やはり、できれば営業はやりたくないのが本音ではないでしょうか。

しかし、いくら印象が悪いと言っても、まったく営業活動をしないというわけにはいきません。そこで、必要最低限の営業でクライアントを獲得する方法をお伝えします。

それは、意図的に「営業しない」ことです。

「営業しない」とは、何もしないことではありません。直接的な営業活動をしない代わりに、見込み客から問合せをいただく仕組みをつくるのです。ではどうすれば見込み客から問合せがくるのかと言うと、あなたが忙しく仕事をしている姿を見せるのです。

たとえば、あなたがコンサルティングを依頼する立場になったときに、人気があり売れているコンサルタントと、まったく仕事のなさそうなコンサルタントでは、どちらに依頼したいでしょうか？

多くの人は、たとえ少しくらい待っても、人気のあるコンサルタントに依頼したいと考えます。ですから、まだ人気の出ないうちは、人気コンサルタントのふりをするのです。

人気コンサルタントのふりをすると言っても、何もウソをつけと言っているわけではありません。**自ら活躍している部分を抜き出して情報発信をする**のです。仕事があれば仕事をしていることを、仕事のないときは次の仕事の準備をしていることを、本当に何もすることがなければ、○○の分野を調査しているといったように、人気コンサルタントのように振る舞い、それをホームページやブログ、フェイスブック等で情報として発信していくのです。

そしてときどき、何か理由をつけて「無料相談受け付ます」といったオファーを出して、見込み客の相談のきっかけをつくるのです。

これは、見込み客から問合せがきやすい環境をつくることでもありますが、あなたの内面的にも効果が期待できます。「Fake it until you make it.」という諺があります。訳すと「あなたがそうなるまで真似をしなさい」ということです。

つまり、「成功したかったら、その成功がもうすでに実現したかのように振る舞いなさい」という意味です。あなたの潜在意識に、自分は人気コンサルタントになっているという認識を持たせるのです。

人気コンサルタントだったらどのように考え、どのように行動するのかを意識することで、徐々に人気コンサルタントの行動が無意識にできるようになっていくのです。

第一印象ですべては決まる

私は、コンサルタントとして初めて人と会うときは非常に気を遣います。それは、第一印象が大切だからです。

第一印象とは、見た瞬間に相手が勝手に思うあなたのイメージです。

人は、初めて会ったときに、その人を「好き」か「嫌い」かといった簡単な判断を、話し方や話すスピード、声の響き、表情やしぐさ、姿勢、清潔感などをもとに、約10～15秒でしていると言われています。あなたの本質とはまったく関係なく、全体的なイメージと相手の過去の経験などであなたの印象が決められてしまうのです。

さらに、仕事の依頼や採用等に影響を与える本当の第一印象は、最初の7分で決まるのです。こちらも話す内容よりも、見た目、話し方、声のトーンといった要素が重要視されるようです。そして、第一印象のよし悪しがその後、長期にわたって人間関係に大きな影響を及ぼすのです。

大切なので、もう一度言います。

出会って最初の7分で、相手とあなたの関係が決まります!!

逆に言えば、この7分間で、相手に好印象を与えることができれば、あなたはよいイメージでいることができるということです。話が上手にできなくても、人見知りでも、関係ありません。第一印象を決めるのは、見た目、話し方、声のトーンなのです。ですから、別に気のきいた冗談なんか言えなくてもいいのです。

極端な話、最初の7分間だけ、見た目、話し方、表情、しぐさで好印象を与えることに集中すればいいのです。

しかも、好印象の要素で最重要なものが見た目です。見た目とは、その人の容姿というわけではありません。髪型や服装そして持ち物といった「身だしなみ」という意味です。

私の場合、汚れた靴を履いている人を見ると、「ひょっとしたら、だらしのない人かもしれない。雑な仕事をする人かもしれない」という印象を抱きます。

逆に、靴がキレイに磨かれている人を見ると、「完璧な仕事をする人かもしれない。靴にまで気を遣っているのは、細かい気配りができるのかもしれない」という印象を抱くのです。

私たちは、「その人の服装や持ち物」と「その人の人となり」を結びつけて判断することが多々あります。ですから、コンサルタントして最大限、身だしなみには気を遣っていただきたいのです。

何も、すべてにおいて高価なものを身につける必要はなく、私が気にかけているのは、スーツや靴は客先で脱ぐ可能性があるので、できるだけいいものを着用する。ネクタイ、シャツ、靴下は脱ぐことはないので、清潔感があればよい。ベルトは何気なく見える可能性があるので、いいものを使用する。こんな感じで気をつけています。

ビジネス上において第一印象をよくするのは、自分の印象をよくするだけのためではありません。初めて仕事を依頼するときは、顧客も非常に不安を抱いています。それを取り除いて安心して依頼してもらうためにも、身なりをふくめて小物に至るまで、いちいち気を遣うことが大切です。ここでも、人気コンサルタントのように振る舞うことが大切になってくるのです。

小物で言えば、私はコンサルタントとして「契約」を非常に重要なものと位置づけています。私にとっても顧客にとっても、契約は一大セレモニーです。ですから、契約書に署名するボールペンには細心の注意を払っています。契約書への署名は、海外ブランドのペンを使用しています。決して100円程度のボールペンは使いません。これには、「この契約は特別のものだと意識していただきたい」という私の思いが込められています。

さらに、契約書を入れて持ち帰るカバンも海外のブランド物にしています。

こういった小さな演出の積み重ねをすることで、顧客には「この人に任せても安心」と信頼してもらえるのです。

まずは交流会で人脈づくり

コンサルタントとして活動するにも、コミュニティをつくるにも、1人でやっていくよりは仲間がほしいものです。すでに、周りに仲間の目星がついていればいいのですが、もしいなければ、**地域の交流会に参加してみる**のがおすすめです。

交流会にはさまざまなタイプのものがあるので、場合によっては仲間だけでなく、見込み客にも出会える可能性があります。

でも、私が交流会をおすすめする最大の理由は、他人のコミュニティに参加することで、あなたならどんなコミュニティをつくるのか、またどんな形で運営していくのかを明確にイメージしてもらいたいからです。コミュニティに参加すれば、そのコミュニティのよい点や改善点が体験的にわかると思います。それを、あなたのコミュニティづくりに活かしてほしいのです。

一般的なのは、参加者の業種に規制のない「異業種交流会」です。異業種交流会に参加すれば、その名のとおり、業種・業態が異なる人と接点を多く持つことができます。うまく関係性を築くことができれば、ふだんは知ることのできない業界の生きた情報を収集できることがあります。

地域で開催される異業種交流会に参加しているのは、中小企業の経営者が多いのですが、まれに意識の高いセールスパーソンや独立を考えている起業家予備軍といった人も、未来を見据えて参加しています。

コンサルタントの立場で異業種交流会に参加するメリットは、他業界の人と交流を持つことで、**自分の知らない新しい考え方や新しい視点での気づきを得る**ことができることです。

コンサルタントとはいえ、すべての業界を知っている人はいません。多くの業界の知識を得ることは、必ず自分のコンサルティングの精度を高めることに役立ちます。また考え方の近い人は、相互に協力できるビジネスパートナーになれる可能性があります。

注意点は、いくら見込み客だと思われる人がいたとしても、あからさまに営業をしないということです。ここでも営業しないことが、何よりの営業になるのです。

同業種でないと参加できない交流会が、「同業種交流会」です。ほとんどの場合は、同業種の組合や協会といった団体が会員のために行なっているもので、参加資格はその団体の会員のみの場合が多いのです。

同業種の集まりなので、業界の動向や地域の傾向といった、仕事に直結するような情報が、より深いレベルで入手できる可能性があります。また、同じ業界という共通点があるので、初めて参加しても比較的誰とでも会話がはずみます。

コンサルタントとして参加するメリットは、たとえ分野は違っても、立場は専門家同士なので、お互いに悩みを相談したり、専門知識を交換することができます。また先輩コンサルタントからは、具体的な事例や体験談を聞くチャンスもあります。専門分野が違えば、同業種のほうが協力しやすく、ビジネスパートナーにはなりやすいかもしれません。

もちろん、交流会に参加するだけでは、人脈ができたり、仕事につながることはありません。継続してつき合っていくことで、ゆっくりと人脈としてできあがっていくのです。交流会は、きっかけを得るだけにすぎないので、そのことを充分に理解して参加してください。

あなたのオフィシャルコミュニティをつくろう！

地域コンサルタントとして、あなたの見込み客を正しく定義して、あなたが選ばれる理由が明確に情報発信できていれば、他人の主催している交流会などのコミュニティに参加するだけでも影響力を発揮して、ある程度の人脈やクライアントは獲得できるでしょう。

しかし、あなたの影響力を１００％発揮しようと思えば、やはりあなた自身のコミュニティをつくる必要があるのです。あなたには、「あなたの影響力」を高めるためのコミュニティをつくっていただきたいのです。

それも、単なる「異業種交流会」といったものではなく、少しでも地域の発展に寄与するコミュニティを完成させてほしいのです。

私の考えるコミュニティとは、あなたの「志」に共感した、**縁のある人たちが力強く結びついた組織**です。

３章でくわしくお伝えしますが、コミュニティには主催者の「志」が必要不可欠です。「志」

で集まるコミュニティの価値は、経済的なものばかりではなく、社会的なものも大きくあります。コミュニティの参加者同士が応援し合えるような仕掛けをつくって、成果を出して発展、拡大していくことが地域の活性化につながり、それが同時にコミュニティ参加者への経済的な豊かさも生み出していくのです。

その活動を継続することで、やがて営利と非営利の両方の面を持った、ある種の公共性の高いコミュニティが完成するのです。そんなすばらしい導きができるのが、オフィシャルコミュニティの主催者、つまり「あなた」なのです。

コミュニティの主催者は、そのコミュニティの中で最大の影響力を発揮します。コミュニティの参加者は、前提条件としてあなたの思いに共感してくれているので、あなたは参加者すべてにコンタクトすることが非常に簡単ですし、参加者のほうから挨拶してくれることもよくあります。

さらに主催者になると、仮に参加者と個別に挨拶をしなくても、確実に相手に覚えてもらえるという特権があります。これは、他者のコミュニティに参加しただけでは到底手にすることができない圧倒的な特権です。

オフィシャルコミュニティを完成させるのは、時間と労力はかかりますが、一度できてしまうと、私にとっての「成功志縁塾（岡山）」のように、あなたをさまざまな面で後押ししてくれます。

もちろん、コンサルタントとしてのイメージアップにも役立ちますし、見込み客も集まります。ですから、地域に寄与するようなオフィシャルコミュニティをつくれば、物心両面で豊かな人生を実現させてくれる最高の財産になるのです。

これが、私があなたにオフィシャルコミュニティづくりをおすすめしている最大の理由です。

さあ、あなたも最高のコミュニティをつくりましょう。

3章

オフィシャルコミュニティのつくり方

1 コミュニティの概要を作成する

見込み客が必要としている社会的に大義のある「志」を掲げる

オフィシャルコミュニティをつくるときに、どうしても必要となるのが「志」です。「志」は、人によっては「理念」とか「ビジョン」とか、場合によっては「コンセプト」という表現を使うかもしれません。

この「志」とはどういったものかと言うと、「コミュニティを、将来こんな感じにしていきたい」という未来像だったり、「社会に対してこんな活動をして、このような影響を与えていきたい」という活動主旨のようなものです。

では、どうしてコミュニティに「志」が必要なのでしょうか？

コミュニティを運営していくときには、運営メンバーや参加者を募集する必要が出てきます。そのときに、「私がやりたいので、こんなコミュニティをつくってイベントをやります!!」と言って参加者を募集しても、主催者がよほどの有名人でもない限り、ほとんど参加者は集まりません。

私の場合も、最初は無名のコンサルタントでしたから、いくら告知をして募集しても、参

◉オフィシャルコミュニティの概念図

加者は集まりませんでした。私自身を前面に押し出したイベントでは魅力に乏しく、集客することができなかったのです。

そこで、私は自分を売りにして集客することをいったん忘れて、多くの人が参加したくなる、社会的な大義のある「志」を掲げたイベントを開催しようと、考え方を変えました。

大義ある「志」とは、もちろん、あなたが本気で思っていることでなければいけませんが、それだけでは不充分です。「志」を掲げる目的は参加者を集めることですから、あなたが**見込み客としている人が共感できる、社会的に意味のある「志」**であることがとても重要になってきます。

あなたの「志」が、見込み客の共感を得る

ことができたならば、コミュニティにも興味を持って、「とりあえず一度参加してみよう」と思ってもらえるようになります。

こうして「成功志縁塾（岡山）」という勉強会が、2011年4月に発足しました。「志」は、「参加するすべての人の成功を応援すること」と「東日本大震災の被災地を支援する」という2つを掲げました。

「参加するすべての人の成功を応援する」という「志」については、参加者である起業家や経営者が、一方的に講師や専門家の話を聞くという一般的なセミナーではなく、講師自体も参加者の中から選出する〝素人講師制度〟を採用し、講師自身もセミナーからさまざまな学びがあるような、岡山ではあまりやらない勉強会の仕組みを構築しました。

また、「東日本大震災の被災地を支援する」という「志」については、参加料の一部を被災地支援団体に寄付をすることにしました。こうすることで、「主催者、参加者、社会（被災地）」の三方よしのコミュニティの仕組みをつくりました。

こうして立ち上げた「成功志縁塾（岡山）」ですが、初月の参加者は5名でした。それでも、掲げた2つの「志」を失わないように丁寧に毎月イベントを続けていった結果、半年もすると20人程度の参加者が集まるようになりました。

また、参加人数が増えただけでなく、参加者のコミュニティへの参加意識が高かったのも、高い「志」を掲げたおかげだと思っています。

これは、当時のイベント参加者のアンケートからも読み取れます。アンケートの回答の多くは、「参加している人が前向きなので、自分自身もポジティブになれ、元気が出ます」というようにイベントに参加することで自分にもメリットがあったという内容でした。

このように、主催者だけでなく、参加する人、さらには参加しない人（社会）にもメリットのある「三方よし」の活動が参加者の満足度を一段と高めるので、コミュニティの発展とブランディングに大きく貢献することにつながるのです。

「志」を実現するための仕組みを構築する

オフィシャルコミュニティの「志」ができたら、次に「志」を実現する仕組みをつくる必要があります。仕組みづくりのポイントはたったひとつです。コミュニティが、少しでも「志」に向かって進んでいることが、誰にでもわかるようにすることです。

「成功志縁塾（岡山）」の場合は、「東日本大震災の被災地を支援する」という「志」のためには、

２０１１年度は参加費の一部を日本赤十字社を通じて寄付しました。寄付をすると入金明細をもらえるので、それをホームページやブログ等で公開して、参加者のみなさんからいただいた参加費が「志」どおりに正しく使われていることを報告しました。

また成功志縁塾は、岡山と東京だけでなく、「成功志縁塾（大阪）」という勉強会もあります。私の「志」に賛同してくれた大阪の桜井一宇さんから、「ぜひ大阪でも成功志縁塾を開催したい」という申し出をいただいて開催している勉強会です。

「成功志縁塾（大阪）」は「志」のひとつに、「児童養護施設の支援」を掲げているので、参加費の半額をＮＰＯ法人タイガーマスク基金に寄付しています。こちらも、ホームページ等を通じて、正しく寄付していることが証明できるように運営しています。

「成功志縁塾（岡山）」のもうひとつの「志」である、「参加するすべての人の成功を応援する」については、塾にゴールドメンバーという名の運営側のメンバーが数名います。ゴールドメンバーは、それぞれがどのような仕事をしていて、何が得意なのかを全員が理解しています。ゴールドメンバーは成功志縁塾のオリジナルの名刺をつくって、自分の名刺を他のゴールドメンバーにそれぞれ３枚程度預けています。

そして各自の日々のビジネス活動の中で、他のゴールドメンバーを紹介するチャンスがあった場合には、預かっている名刺を先方に渡して、「私の仲間にそのことが得意な人がいますので、よかったら直接連絡をとってみてください」と紹介しているのです。

このような紹介の仕組みをわざわざつくらなくても、何かあれば相互に紹介することは可能だと思いますが、意図的にメンバー同士を紹介する仕組みをつくることによって、日常的に紹介することを意識してもらうことができるのです。

「志」に向かって少しでも前進していることが誰にでもわかる仕組みをつくれば、参加者のイベント参加へのハードルは非常に低くなります。主催者だけにメリットがあるイベントでは、参加者の共感は得られず長続きしません。仕組みを構築するうえで一番大切なことは、**長く続けられるシステムにする**ということです。

一度、仕組みさえできてしまえば、コミュニティの運営自体はそんなにむずかしいものではないので、ぜひチャレンジしていただきたいと思います。

「志」にふさわしいコミュニティ名をつける

コミュニティ名はコミュニティの特徴を伝えたり、参加者に興味を持ってもらううえで大きなポイントになる重要事項です。コミュニティ名が、コミュニティの発展を大きく左右する要因になると言っても過言ではありません。

「志」あるコミュニティにふさわしい名前をつけるということは、コミュニティの仕組みづくりの一環として行なう必要がある、非常に重要なことなのです。

コミュニティ名のつけ方のポイントとしては、「コミュニティの活動内容がイメージできること」と「一度聞いたら忘れない、印象に残ること」です。

「コミュニティの活動内容がイメージできること」について言えば、「成功志縁塾（岡山）」という名前は、聞いただけで何となく「成功を応援してくれる」とか「成功のための勉強会」というイメージを連想してもらいたくてつけています。

また、「成功のための勉強会」というイメージから、「どんな活動をしているのか」という興味が湧いて参加してみたくなることも期待しています。

つまり、名前を聞いただけで、どんなことをするコミュニティなのか興味を持ってもらう。そして最初はどのような活動をしているのか問い合わせていただき、さらには一度参加してみたくなる、ということが重要です。

また、**「一度聞いたら忘れない、印象に残ること」**も非常に大切です。これはネーミングの基本ですが、複雑だったり、過剰に長くて覚えにくかったりすると、人の記憶には残りません。人の記憶に残らないコミュニティ名は、いくら中身がよくても覚えてもらえないし、それ以前に関心を持ってもらえるかどうかも疑問です。

さらに、音の響きや文字の見た目が、ネガティブでないことも押さえておく必要があります。「成功志縁塾」は「せいこうしえんじゅく」と読みますが、言葉の響きと意味は小学5年生でもわかるようにつけました。また、漢字の見た目もネガティブ要素を含まず、前向きな印象を与える文字を選んでいます。ただ、参加者のみなさんには10文字の発音は少し長いようで、ふだんは「しえんじゅく」と略されています。

このように、少し長いネーミングの場合は、略しやすいことも大切になってきます。そうすることで、一度聞いたら忘れられないコミュニティ名になるのです。

コミュニティ名の候補が決まったら、決定する前にやっておかなければならないことがあります。それは、「同じような名前のコミュニティがすでにあるかどうか」をチェックすることです。

あなたの地域にすでに同じような活動をしているコミュニティがある場合には、「かぶらないようなネーミングにする」ことが重要になります。コミュニティ名がかぶっていると、「パクリ」という印象を持たれるおそれもありますし、それが原因でコミュニティの信用も失われてしまう可能性もあります。

コミュニティの活動を継続的に広げるためにも、ネーミングには細心の注意を払い、「他とかぶらない名前をつける」ことを厳守してください。

また、将来的にコミュニティを他の地域に増やしていこうと思っている場合は、よりネーミングに注意が必要になります。

成功志縁塾も現在は、岡山だけでなく大阪と東京の3地域で活動しています。今後、鳥取や名古屋でも開催したいと思っていますが、そのような場合は、全国的にコミュニティ名がかぶらないかチェックが必要ですし、場合によっては商標登録なども視野に入れておいたほうがいいでしょう。

コミュニティでのあなたの立ち位置を決める

コミュニティの概要の最後に決めなければならないことは、コミュニティでのあなたの立ち位置（関わり方）です。

実際に、コミュニティを運営していこうとすると、あなた1人ですべてをこなすことは不可能ですし、仮にそれができたとしても、それではいつまでたってもコミュニティの運営メンバーが育ちません。

ですから、あなたはコミュニティの責任者として、あえて運営メンバーや参加者にどういう立場なのかを明確にし、役割の多くを運営メンバーに任せていく必要があるのです。

コミュニティを運営していくに当たっては、大きく分けると、プロデューサー（企画者）、スター（コミュニティの花形）、サポーター（コミュニティの応援者）の3つの役割があります。

【プロデューサー】

当然ですが、あなたがコミュニティの主催者なのですから、あなたがプロデューサーの役割を担うのは必須です。プロデューサーは、コミュニティ内においてはリーダーシップを発揮してコミュニティをまとめあげ、コミュニティ外ではさまざまな人たちと良好な関係を調整していく渉外能力も必須です。

そして、イベントの内容を精査したり、運営メンバーや参加者を集めたり、予算を管理するなどのマネジメント能力も必要になります。

【スター】

コミュニティの顔とも言える存在です。スターの最も大きな役割は、コミュニティの存在を広め、開催するイベントを告知して集客し、参加者と接してイベントの満足度を高めることです。

私はこれまで、コミュニティは「志」で参加者を集める、とお伝えしてきました。もちろん、そこが最重要なのですが、一方でコミュニティは、参加している人と人とのつながりで形成されているのも事実です。

ですから、人と関わることが得意で、さまざまな人とコミュニケーションがうまくとれる人はスター向きと言えます。

あなたが、スターとしての役割を果たすことができるならば、それほどすばらしいことはありませんが、もし、あなたが人とコミュニケーションをとることが苦手だとしたら、必ずしもスターになる必要はありません。スターという役割も、運営メンバーの中の外交的な人に任せてしまえばいいのです。

【サポーター】

サポーターとは、イベント開催時の受け付けと司会、スケジュール調整、参加者への会場案内やサポート等、文字どおりコミュニティを支えてくれる存在です。

サポーターは、コミュニティ運営でも前面に出て目立った行動をとる人たちではありませんが、あなたやスターのお世話をしっかりして堅実にイベントを実行していくためには、なくてはならない役割です。

もちろん、イベントの告知活動なども行ないます。

「成功志縁塾（岡山）」の運営は、現在7名のゴールドメンバーで行なっています。プロデューサーとしての役割は分担して行なっていますし、スターやサポーターの役割も多くの場合、誰がやるのか決まっているので、ある程度の形ができれば、会の運営はそれほどむずかしいことではありません。

現在の私の役割は、毎月1回のゲスト講師の調整と開会の挨拶くらいです。それ以外のことは、ゴールドメンバーのみなさんにお願いしています。

2 コミュニティの主たる活動を決める

毎月開催する活動を決める

コミュニティの主たる活動を決めるに当たって、絶対的に必要なのは、「継続して開催する」ということです。私も多くのコミュニティが、さまざまなイベントを開催するのを見てきましたが、多くの場合、3回目を開催することができていません。

みなさん、最初は派手に凝ったイベントを企画して、コミュニティの誕生をお祝いするのですが、1回目より2回目、2回目より3回目と規模の拡大を意識しすぎると、イベント自体の開催の期間があくようになるし、その間に参加者からどんどんコミュニティの記憶がなくなってしまいます。

どんなイベントを行なうにしても、大切なのは1ヶ月に1～2回、毎月継続して開催できる活動イベントを決めて、参加者の反応がよくても悪くても、**最低半年くらいは淡々とやってみる**ことです。

イベントを考える際にもうひとつ、参加者にどのようなメリットを与えるのかということも考えなければなりません。直接的な参加者メリットとは、参加者同士の交流を促進することや、ノウハウを習得させたり、スキルアップ等の学びを与えたりすることですが、同時に「志」に通じるメリット、間接的に社会に貢献できるような活動であることが、より望ましいのです。

たとえば、参加者同士の交流をメインにイベントを企画するのであれば、旅行、パーティー、飲み会やカラオケ等の宴会、キャッシュフローゲーム等の大会、清掃作業等のボランティアのような、何か**「行動をみんなと一緒に体感できるもの」**がいいでしょう。

ノウハウの習得やスキルアップのイベントなら、講演会、セミナー、体験学習、読書会、勉強会のように、明らかに、**「何かが学べる」**とわかるものが一般的です。

また、活動イベントの内容を、ひとつのテーマで複数回にわたる長期的に続くものにするか、1回完結にするのかも考えておく必要があります。

複数回にわたるようなテーマにすると、参加者の固定化が起こりやすくなります。ですから、第1回目の参加人数で、次回の参加人数がある程度確定できるというメリットがありますが、続きものであるがゆえに、途中からは入りづらいというデメリットもあります。

1回完結にすると、毎回違った内容になるので、今回の参加者が次回も参加してくれるかはわかりませんが、新しい人が参加しやすくなり、人間関係の広がりという面ではより期待できます。

どちらを選ぶかは人それぞれだと思いますが、毎月開催するイベントに関して言えば、私の経験上、1回で完結するイベントのほうがいいでしょう。

「成功志縁塾（岡山）」の主たる活動は、毎月1回の勉強会です。成功志縁塾の参加対象者は経営者、起業家、起業家予備軍といった人たちなので、そういった人に役立つ勉強会です。そして講師のほとんどは、過去の参加者から選出しています。

これは、受講生として参加しているときには、異業種の講師の話を聞くことで、新しい知識を身につけられますし、一方で、講師として参加するようになると、自分の伝えたいことを一定の時間で簡潔にまとめることができるようになるからです。ビジネスを行なっていると、自分のやっていること、伝えたいことを相手にわかりやすくプレゼンする機会は必ず訪れます。そのときのために、予行演習をしておく感じです。

セミナーを受講すると、よく「インプットよりアウトプットのほうが大切です!!」と言われますが、まさにその実践の場となっているのです。

このように受講生から講師を選出するため、私の開催しているコミュニティは1回完結となっています。しかも、地元の岡山でがんばっている人を選出するため、セミナー内容に興味のある人はもちろん、講師に興味のある人も参加していただけるので、新規の受講生獲得にも非常に効果があります。

交流会やお茶会等、出会いを重視したイベントは危険！

コミュニティの活動は、「志」に通じている活動がいいとお伝えしているわけですが、安易に「異業種交流会」とか「お茶会」のようなイベントを開催するのは危険です。

なぜなら、交流会やお茶会のように、参加者同士の交流をメインにしたイベントには、あなたの「志」に共感していない参加者が大勢参加してくる可能性があるからです。

つまり、交流会で一番大切な「何のための集まりなのか」という目的意識を持っていない参加者が集まってしまうということです。しかし現実には、目的意識を持たずに何となく参加している参加者が多いのも事実です。もちろん、何かいいことがあるかも……と漠然と期待して参加する、というスタンスの参加者がいてもいいと思います。しかし、目的を最初から持っている人とそうでない人では、その後の成果に圧倒的に差が出るのは確実です。

次に「営業目的」の参加者がいることです。名刺交換した人に自分の商品やサービスを売り込もうとする人たちです。交流会によっては、そのような「営業目的」を推奨しているところや、名刺交換をメインにしているコミュニティもありますが、私は〝売りたい〟人ばかりが参加しているコミュニティに価値はないと考えています。

営業目的の人には、コミュニティの中で営業先を探すのではなく、コミュニティの中でビジネスパートナーを見つけて、一緒にできるビジネスのやり方を考えてから、コミュニティの外に飛び出していってほしいと思っています。

そうすれば、コミュニティの中だけの市場ではなく、何倍も大きな市場で、もっと大きなビジネスチャンスをつかむことができるからです。

年1〜2回開催する「志」を象徴する活動を決める

毎月開催するイベント活動はもちろん大切ですが、それを積み重ねた結果、「志」の実現に近づいていることを具体的に示す、年1〜2回のちょっとスペシャルなイベントを開催することはぜひともおすすめです。

無理をして盛大に開催する必要はありませんが、周年事業をやることで、コミュニティの存在意義を運営者も参加者も改めて考える機会になりますし、またイベントによっては、新規の見込み客を集める絶好の機会にもなるので、極力開催していただきたいものです。

しかし周年イベントを行なうにも、当然ながら、何のためにそのイベントを行なうのかという「目的」が必要不可欠です。

まずは、「目的」を明確にしましょう。イベントによっては、目的が複数ある場合が出てくると思います。もちろん、どの目的も無視できないとは思いますが、目的に優先順位をつけていき、トータルで考えて何が必要で何を諦めるのかを決めて、バランスのよいイベントを企画してください。

毎月の定期イベントは自主開催が必須ですが、年に1～2回の特別なイベントは、「志」のみで行なうイベントという位置づけで、実施することに意義があるので、お祭り騒ぎ的にやればいいでしょう。無理に自主開催にこだわる必要はありません。

「成功志縁塾（岡山）」の場合も、年1回のイベントは自主開催はしていません。「エコ食品健究会」が主催している東日本大震災被災地復興イベント「炊き出しグランプリ」に協賛させていただいています。このイベントは、「炊き出し」を通じて東日本大震災の被災地復興のための支援を行なうイベントです。「成功志縁塾（岡山）」は、運営メンバーの数名がボランティアスタッフとして参加しています。

このように「志」が同じイベントを見つけ出すことができれば、協賛という形での参加で大きなイベントに加わることもできます。そうなればコミュニティを広く知ってもらう効果も期待できます。

③コミュニティの未来を創造する

コミュニティの最終目標を作成する

コミュニティの最終目標とは、掲げている「志」を目指して活動をして、最終的にコミュニティはどうなるのかということです。

最終目標を決めておくと、現在のコミュニティはどの程度成長しているのか？　とか、今後どのような活動が必要になってくるか等、コミュニティ運営の指標にもなります。

当然、最終目標なので、現在のままのコミュニティでは達成できないかもしれない夢の目標でかまわないし、仮にとても順調に推移して、目標がすぐにでも達成するようなことがあれば、再度、最終目標を設定し直せばいいので、そんなにむずかしく考えなくても大丈夫です。

ただし、最終目標を決めるには5つのポイントがあります。このポイントを押さえて目標設定すると、論理的かつ具体的な目標設定ができるので行動に移しやすくなります。

①具体的でわかりやすい表現にする

曖昧な目標設定をすると、達成したかどうか判断できません。「いつまでに」「誰が」「どうやって」「どうなる」のかが明確になっていなければなりません。

【悪い例】 多くの人が参加したくなるコミュニティにする!!

［悪い例］の「多くの人」とは何人なのか明確ではないし、参加して何をするのかもまったくわかりません。感覚的な表現は使わないようにしてください。

【いい例】「成功志縁塾（岡山）」は毎月1回勉強会を開催し、2015年12月31日までに、参加延べ人数を1000人にする!!

②目標の達成度合が測れるようにする

数字で目標までの達成度を示すことができなければ、現在が順調なのか、遅れていて何か手を打たなければならないのかの判断ができません。［いい例］では「参加延べ人数を1000人にする」と、何が目標数値なのかが明確なので、どの程度目標に近づいているのかがすぐにわかります。

③実現可能な目標にする

いくら目標は大きく持ったほうがいいと言っても、まったく実現不可能な目標にしてしまうと、やってもむだなことがわかっているので、モチベーションが上がらなくなる場合があります。「もし実現できたらすごい!」という魅力的かつ本気でがんばったら実現可能かもしれないと思える目標を設定することができたら最高です。

④目標は「志」に通じる成果にする

目標に対する成果は何なのかを明確にし、成果は「志」に通じている必要があります。

［いい例］の場合では、「参加延べ人数を１０００人にする」が成果になります。

⑤目標達成に期限を設ける

いつまでに目標を達成するのか、期限をつけることは重要です。期限を設定することで、目標まで順調に進んでいるかどうか確認できるのはもちろん、目標達成の先延ばしができなくなるという効果もあります。

正しく目標設定ができたら、その目標を定期的に検証し、進捗具合をチェックしてください。また、最終目標の期限が長すぎる場合は、目標を1年後、半年後、3ヶ月後といったように分割し、それぞれに目標設定をすると、小さな達成感を得ることができるので、より効果的に実行していけます。

4章

オフィシャルコミュニティの運営のやり方

① まずは1人でもイベントを開催してみよう

コミュニティと活動内容であるイベントの概要ができたら、いよいよイベントを実行することになります。

最初から運営メンバーがいれば非常に助かりますが、まずは1人でも実際にイベントを開催してみましょう。

最初はもちろん、戸惑ったりうまくいかないこともあるかもしれませんが、やってみると意外に簡単だったりするので、覚悟を決めてチャレンジしてみてください。

日時を決める

イベントを開催するうえで、日時設定は非常に重要です。ターゲットが参加しやすい曜日や時間を設定しないと、いくらイベントに興味があり参加したくても、その曜日や時間では参加できないということにもなりかねません。

たとえば、サラリーマンをターゲットにしたイベントに、平日の昼間の時間を設定すれば、多くの人は会社で働いている時間ですから、当然参加できません。

私の失敗例では、理容・美容院向けの集客セミナーを土曜日の昼間に開催したことがありますが、「土曜日は稼ぎどきでお客様が多いので行けない」とか、「すでに予約が入っているので行けない」といったお断りを多数いただいてしまいました。結局、他の業界の人は参加してくれましたが、肝心の理容・美容業界からの参加者はゼロでした。

あなたにはこのような失敗をしてほしくないので、ターゲットの仕事時間には充分気を遣って日時設定をしてください。

また、イベントを定期開催する場合は、毎月10日とか、毎月第3木曜日といったように、開催日を固定すると参加者の頭にも残りやすいし、先に予定を入れてもらいやすくなるので、コミュニティの運営に支障がないなら開催日を固定することをおすすめします。

場所を決める

日時と同様に、開催場所にも気を配る必要があります。イベント内容、参加人数、使用時間、会場費、必要な設備が整っているか等によって、どのような会場が適切なのか、判断が分かれます。会場の形態は大きく分けて4つあります。

①公共の施設（公民館や市民会館等）

公共施設のメリットは、何と言っても会場費が安いことです。場合によっては無料に近い金額で借りることもできます。そして会場の信頼度も高いので、イベントの信用度も若干上がります。

デメリットとしては、使用条件が住んでいる地域の施設限定だったり、予約が取りにくいといった場合があります。また、夜の時間帯の制限や休館日が決まっているなど、利用できない時間帯や日にちが多いなどの制約があるので、確認が必要です。

②民間の貸会議室

最近、地方でも貸し会議室が増えているようです。メリットは、用途に合わせて会場の広さが選べることや設備機器が充実していることです。また、駅に近く交通の便のいい施設が多いようです。

デメリットとしては、会場費が公共の施設に比べて高いことです。

③カフェ・レストラン

カフェやレストランを会場に使うメリットは、飲み物をこちらで用意する必要がないので準備が比較的楽になることです。最近は、プロジェクターや音響施設を整えているところもあるので、そういった場所では楽器を使ったり大声を出したりする、少々騒がしいイベントでも開催できます。

デメリットは、会場費は無料の場合が多いのですが、ドリンクや料理を同時に頼む必要があるため、「○名様より」といった店の規定の人数を集客する必要があることです。

④自社会議室

あなた自身で会場を持っている場合は、会場費は必要ありませんし、日時の融通もききます。とくにデメリットもないので、最大限活用してください。

【注意事項】

地方イベントで、忘れてはならないのが駐車場です。岡山県でのイベントの場合、多くの人が車で移動するため、たとえ有料でも、駐車場がないと参加人数が減ります。「成功志縁塾（岡山）」でも、せっかくイベント会場付近まできてくれたのに、駐車場が満車だったので帰ってしまったという参加者もいます。

初めての参加者からは、「駐車場はありますか？」と問い合わせてくることもあるので、有料でも、駐車場をチェックしておきましょう。

告知をする

イベント開催で最もむずかしいのが、「参加者を集めること（集客）」です。いくらすばらしい趣旨のイベントだとしても、人が集まらなければイベント自体が成立しません。

告知の方法はさまざまですが、最初はブログやフェイスブック等のＳＮＳから告知すればいいでしょう。また、「イベント　集客」で検索すると、無料でイベントを告知できるサイトがあるので、そういったところに登録して告知するのも有効です。

①告知は早目に行なう

イベントに人を効率よく集める最も単純な方法は、**「できるだけ早くから集客活動を行なう」**ことです。どれくらい早いのが適切かは一概には言えませんが、１ヶ月前から集客を行なうのと、２ヶ月前から募集するのでは、参加者数は単純計算すると2倍の違いになります。

また、告知回数と申込み人数は比例する場合が多いようです。１日に何回も同じ告知をしても効果は期待できませんが、毎日告知すると大きな効果があります。

早目にイベントの参加者募集を開始して、何日にもわたって何回も告知をすれば、大きな効果が期待できます。

イベントの詳細が決まっていない場合には、日程だけを告知するのでも問題はありません。

早目に告知を行なうことで、潜在的な参加者の「すでにその日は予定が埋まっている」という状況を避けることができます。

②イベント内容をくわしく書く

スペースに制限のあるチラシやパンフレットの場合は、イベントのすべてを記載することはむずかしいかもしれませんが、告知をサイト上で行なうのであれば、イベントの内容を詳細に書けば書くほど人が集まります。

そもそも、どのような内容のイベントかわからなければ、人はお金と時間をかけて、わざわざ参加することはありません。

たとえば、起業家養成講座というセミナーを開催する場合であっても、「起業するときの申請書類や手続きのこと」が知りたい人もいれば、「起業時の事業計画書の作成」について知りたい人もいます。

これらを明確にすることで、目的を持った見込み客が集まってくれるのです。イベントの内容はあなたが書かないとわからないのですから、内容をくわしく記載する必要があります。

③見方を変えて告知する

イベントの開催をいったん告知したら、その後は何回かにわたって告知を続ける必要があります。このときは、イベント内容については見方を変えて書き、「読んだ人が反応する告知文」を心がけてください。それは人によって、反応するポイントが異なるからです。「成功志縁塾（岡山）」の場合でも、

・今回のセミナーの概要
・参加者の交流や参加特典
・講師の紹介と実績
・ビジネスへの活用のアドバイス

と、さまざまな伝達ポイントがあります。これを、ひとつだけの切り口だけで紹介し続けていると、一部の人しかイベントにきてくれません。切り口を変えて告知することで、ようやくたくさんの人が反応してくれるようになります。

そして、最大のポイントは、**イベント当日の飛び込み参加もＯＫにする**ことです。

なかには、その日の予定が急にキャンセルになる人がいます。イベント当日の朝に告知をしていれば、たまたまタイミングが合った人がイベントに参加してくれるかもしれません。

当日の飛び込み参加は意外と多く、「成功志縁塾（岡山）」の場合も、毎回２～３人は飛び込み参加があります。

サイトやブログ、フェイスブック等のSNSで集客することも大切ですが、見込み客に直接、電話や個別メールしたほうが効果は高くなります。また、電話だけでなく対面で告知すると絶大な威力を発揮します。だからこそ、ふだんの実際の交流が重要になってくるのです。

イベントマニュアルをつくる

イベントマニュアルを作成する目的は、**「作業効率と参加者の満足度の向上のため」**です。目的を達成するマニュアルをつくるには、「正しい手順と人に優しい手順の積み重ね」をしっかり考えなければなりません。

実践的なマニュアルをつくるには、イベントを事前に、綿密にシミュレーションすることです。それで業務の抜け漏れをなくすことができます。

マニュアルは、イベントの規模により情報量が異なりますが、基本的に押さえておくのは**「目的」「イベント名」「時間管理」「場所」「イベント内容」「予算」「運営組織」**の7つです。

何の目的で、いつから、どこで、どんな内容を、いくらで、誰がやるのかを決めるのがマニュアルなので、大枠を決め、そこから詳細な手順に落とし込むといいでしょう。

マニュアルづくりで重要なのは、さまざまな役割の中で実際に運営に当たる、**実質上の責**

任者の所在を明確にすることです。

コミュニティが成長してきて、新しい運営メンバーが加入したら、このマニュアルでイベントを運営していくことになります。そんなときのことも考えて、あらかじめマニュアルも、新人メンバーでもスムーズに動けるようにつくっておかなければなりません。その部署の責任者は誰なのか、誰の指示で動けばいいのかが明確に示されていることが必要です。

また、効率的に「時間管理」をするには、2つのマニュアルをつくる必要があります。ひとつは、当日の「イベント進行スケジュール」用、もうひとつはイベント開催までの「準備スケジュール」のためです。どちらも日にち、曜日、時間、項目等を記載できる一覧表をつくるといいでしょう。


『イベント準備スケジュール』

イベント開催の決定からイベント本番当日までの調査、準備、会議等のスケジュールを管理する一覧表です。メンバーが増えてくると、準備のための重要な事項を決定する会議がなかなか開けなくなります。よって会議の日にちは根回しを充分にして決定してください。

どうしても全員が参加できない場合は、2～3人くらいの欠席ならば、必要事項が決定できる仕組みにしておくことも重要です。

◉イベント準備スケジュール表

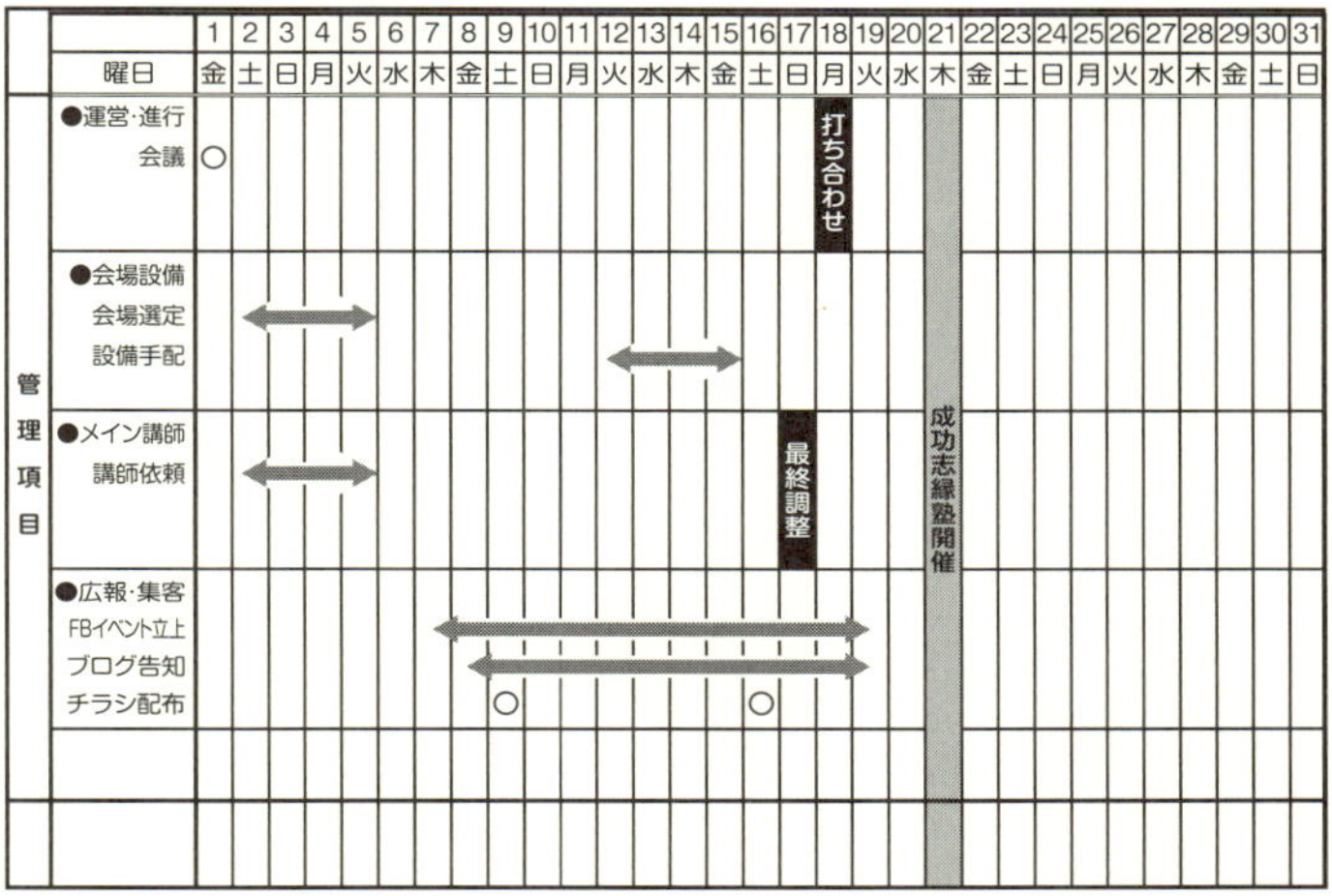

◉イベント進行スケジュール表（当日用）

開催日　　月　　日

時刻	項　目	内　容	担　当

『イベント進行スケジュール』

本番当日のタイムスケジュールです。進行に無理がないような時間配分をしてください。休憩時間もバランスよく入れておいてください。

前述の7つの項目がすべてマニュアル化できると、最低限、イベントは開催できます。しかし、実際はこれだけでは不充分で、充実したマニュアルにするなら、トラブル時の対応もマニュアル化しておく必要があります。

たとえば、「イベント当日に遅刻や欠席をする人にはどう対応するか?」「会場内で体調を崩してしまった参加者が出た場合にはどうするか?」「会場が屋外の場合、雨天の場合はどうするか?」など、トラブルが起きたときにどういった対応をすればいいかをまとめておくと、いざというときに安心です。

もちろん、すべてのトラブルに対してマニュアル化することはできませんし、それらのトラブル自体を把握するのもむずかしいことです。

マニュアルの作成だけでなく、事前にトラブルシューティングを行ない、トラブルには臨機応変に対応できるように準備しておくことが大切です。

イベントを開催する

マニュアルができたら、いよいよイベントの開催です。

イベント内容にもよりますが、最低でも会場には1時間ほど早く入り、準備をしましょう。「成功志縁塾（岡山）」の場合は勉強会なので、会場の準備としては、座席の配置、受付準備、プロジェクターの準備とパソコンとの接続確認、案内札の設置です。

座席は人数分あるか、どの席からも講師が見える配置かも確認します。また受付は、会場の入口付近で、わかりやすい場所を確保してください。プロジェクター等の機材が必要な場合、会場のレンタル品だと設定を変更したりなどで手間取ることも多々あります。各種調整をして、正しく作動するか確認してください。

最後に、参加者がイベント会場にくるのが初めてだった場合、開催している部屋がわからないことがあるので、案内の貼り紙等を作成して参加者が確実にたどり着けるように準備をしてください。

イベントの準備が整ったら、一度リハーサルをします。リハーサルをすることで、本番の流れと会場の雰囲気などをつかんでください。リハーサルが終了すると、いよいよイベント開始です。

開場すると、まず参加者は受付を行ないます。参加費を徴収する場合は、お釣りと領収書の用意を忘れないでください。イベントのパンフレットや告知のチラシなどはまとめておいて、受付時に配布すると渡し忘れを防げます。

また、受付時に参加者の名簿をつくり、顧客の情報をできるだけ収集するようにしておくと、次回のイベント開催時の役に立ちます。最低限、氏名と電話番号、メールアドレスくらいは記録しておきたいものです。

開場からイベント開始までに時間がある場合は、積極的に参加者に声をかけて交流を深めるようにしてください。とくに新規の参加者には早めに挨拶し、相手が社会人なら、名刺交換なども行なってください。

また、場合によっては他の参加者に紹介するのもいいでしょう。とにかくイベント開始前に多くの人とコンタクトをとって、**できるだけ参加者に感謝の気持ちを伝えてください。**

定刻になり参加者が揃った後は、用意した進行マニュアルをもとに進行します。

イベント前に、トイレの場所や緊急時の対応など注意事項をあらかじめ伝えておくと、参加者は安心します。それが終了するといよいよイベントの始まりです。

しかし、準備の段階で思い描いていたのとまったく同じようにイベントが進むとは限りません。臨機応変に対処することが必要です。とくに時間管理は正確に行なってください。

◉イベントのアンケートの例

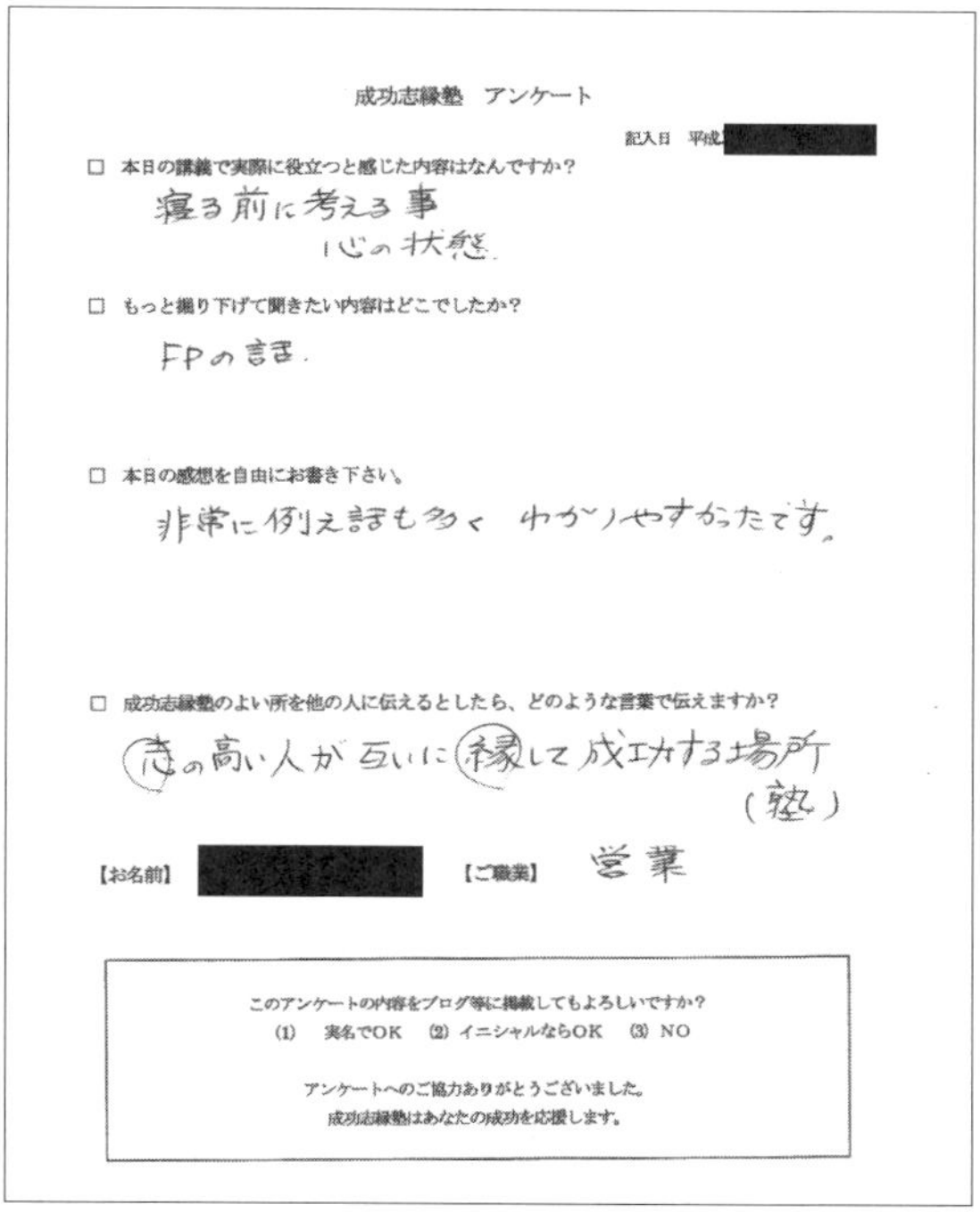

成功志縁塾　アンケート

記入日　平成[redacted]

□ 本日の講義で実際に役立つと感じた内容はなんですか？

寝る前に考える事
心の状態

□ もっと掘り下げて聞きたい内容はどこでしたか？

FPの話

□ 本日の感想を自由にお書き下さい。

非常に例え話も多く わかりやすかったです。

□ 成功志縁塾のよい所を他の人に伝えるとしたら、どのような言葉で伝えますか？

志の高い人が互いに縁して成功する場所
（塾）

【お名前】[redacted]　【ご職業】営業

このアンケートの内容をブログ等に掲載してもよろしいですか？
(1)　実名でOK　(2) イニシャルならOK　(3) NO

アンケートへのご協力ありがとうございました。
成功志縁塾はあなたの成功を応援します。

イベント途中の休憩等の時間は多少過ぎてもいいのですが、いくら盛り上がっても、その後の予定等がある人も参加している可能性があるので、**終了の時間は絶対に守ってください。**

どうしても時間どおりに終わらない場合は、中締めをするなどしていったん終了させてください。終了時間があまりにも遅くなると、クレームの原因になります。

イベントの最後に、次回開催に向けて参加者の意見を聞く時間を設けておくと、とても参考になります。

目的は達成できたか、形式は合っていたかなどを発表してもらったり、あるいはアンケート用紙を用意しておいて記入してもらうといいでしょう。

イベントマニュアルを修正する

イベントを開催したら、当然、収穫もたくさんあるでしょうが、さまざまな反省点や改善点も見つかると思います。そこで次回のイベントの満足度をより高めるために、マニュアルを修正することが大切です。

なぜならマニュアルは、業務を的確に効率よく遂行するための手引書です。そのためには、**「内容が正確」で、「わかりやすく」表現され、「情報が新しい」ことが必要不可欠**なのです。情報が更新されていないと、次第にマニュアルは使われなくなり、業務効率の低下や品質の悪化につながりかねません。

マニュアルを常に最新の状態にしておくことで作業効率と参加者の満足度を高めることができるのです。

つまり、完成形のマニュアルはないと言ってもいいでしょう。一所懸命に修正しても、修正した時点から内容の陳腐化が始まります。「今のイベントのやり方」が、ベストであり続けることはありません。日々改善し続けることで、イベントの質は高まっていきます。マニュアルも、それと歩調を合わせながら改訂していくことで、鮮度を保つことができるのです。

成功志縁塾の場合は、毎月同じようなイベントを3年以上やっているので、オペレーション自体は各部署の担当者に任せて、私自身はとくに何もしなくてもいいようになりました。

このような運営ができてくると、あなたもスタッフも負担が軽くなってくるので、場合によってはイベントの回数を増やすこともできるようになります。

2 コミュニティの運営益は意図的に出ない仕組みにする

参加費無料はNG。赤字運営には絶対しない

イベントを開催するとき、多くの主催者が悩むのがイベントの参加費です。なかには、イベント自体を無料で開催している人もいますが、私はおすすめしません。

その理由は、イベントを無料で開催すると、ほとんどの場合、赤字になるからです。赤字になるということは、すべての負担はイベント主催者であるあなたに被さってきます。

しかし、最初は赤字でも参加者が集まればいいと思って無料で開催してしまう人が多いのです。私も、そのような無料イベントを開催する人を何人も見てきましたが、無料のイベントのほとんどは、3回目の開催ができません。

経費も出ないイベントを行なう辛さももちろんありますが、それ以上に私がおすすめしない理由は、**無料で参加する人たちは、見込み客としてふさわしくないことが多い**のです。

無料イベントに参加する人は、無料だからとりあえず参加しているのであって、会費が必要になったら、参加しなくなる人が圧倒的に多いのです。

そのような参加者をいくら集めても、あなたの見込み客になる可能性はきわめて少ないと

言えます。また、無料イベントは当日のキャンセル（欠席）が多く、参加人数が必ず減少します。しかも、連絡もなくこない人が多いので注意が必要です。

つまり、無料のイベントを開催していいことなどないのです。


それでは、逆に参加費を高額にしたらどうでしょうか？　私はこれもよくないと考えています。

これまで何度もお伝えしているように、コミュニティは「志」が大切です。イベント参加者に、「利益目的でやっているんだな」というイメージを持たれることは、コミュニティにとって非常にマイナスです。コミュニティが収益を上げすぎると、参加者はコミュニティに不信感を抱くようになる場合があるのです。

つまり、コミュニティの運営は赤字だと継続できないし、かと言って高額にしすぎると、イメージが悪くなるというジレンマを抱えています。


ですから、主催者のあなたが参加費について行なうことはただひとつです。それは、**損をしない程度の参加費をいただく**ことです。当たり前のようですが、それしかありません。ギリギリ運営できる低い参加費でイベントを行なうことで、「志」のためにイベントを行なっていて意識的に利益を出すようなことはしていないという事実が参加者に伝わるのです。

金額としては、イベントの内容にもよりますが、1000〜3000円程度の範囲が適切でないかと思います。私が主催している成功志縁塾は、通常回だと1000円で参加することができます。講師に有名な先生を招いて行なう、年1〜2回の特別回で3000円程度です。これくらいの参加費だったら、毎月開催しても参加者の負担にならず、人数を集めることが可能になります。

これでも、運営のやり方を工夫すれば、赤字になることはありません。これは非常に重要なことで、赤字にならないということは、永久に続けることが可能だということです。

イベントの開催と継続はコミュニティの存続に大きく関係してきます。ある程度、長期間継続させることで、地元のメディアが注目してくれたり、地域の有力な企業が参加してくれたりと、コミュニティの価値そのものが高まってきます。

それにより、さらに質の高い人たちが参加してくれる可能性が高くなり、どんどんよい相乗効果が生まれてくるのです。

参加費を徴収し、利益は「志」達成に使う

参加費を徴収すると、イベントの継続運営は飛躍的に簡単になります。一方で、利益の出

◉成功志縁塾がいただいた応援メッセージ

遊歩道

「起業支援」

　先日お会いした経営者の取り組みに感銘を受けた。「成功志縁塾」なる起業家支援を毎月無償で行っている。勉強する場所は当人が経営する会社事務所。参加費1000円は東日本大震災の義援金にすべて回す。「みんなでみんなの成功を応援していこう」という雰囲気の中で、情熱あふれるメンバーがそろっている。メンバーには「やる気スイッチ」バッジを配り、これが奏功しているのか（？）いつも熱気溢れる議論が交わされている。とてもユニークだ。

　この方が、起業家支援を始めたのは、自身の起業時の苦労がきっかけ。行政書士や税理士などが会社設立の手続きは教えてくれるが、当時岡山で起業をサポートしてくれるプロが見当たらなかった。会社員としての営業マン時代は会社の看板で売れていたが、ゼロからの起業では、商品を販売するためにそもそも何から始めればいいのか分からない。理念構築から従業員の採用・育成方法や経費の考え方等々、具体的なアドバイスがあればもっと順調な起業ができるはず。当時岡山にこのようなサポートや相談相手もなく、会社を設立するまでの1年間、本を100冊以上読みつつ試行錯誤を繰り返しながら起業に取り組んできた。この経験から「岡山の起業家をもっと楽しく遠回りさせずに成功させたい、、、」との思いを持ち、自らが立ち上がるに至ったそうだ。

　首都圏に比べ岡山の起業数は少ない。特に最近は安定・現状維持志向の若者が多く、先行き不透明な経済情勢もあって起業が減ってきている。しかし、起業が活発になればそこに雇用が生まれ個人消費や投資も増え、地元経済は活性化するにちがいない。

　この方と話していると、人の成功を心から望む貢献意識の高さや郷土愛が感じられる。志の高い人の周りには、やはり熱意があり前向きな人達が集まるものだ。このようなつながりの連鎖で、岡山に起業の成功者が増えていくことを願わずにはいられない。

岡山支店　松尾　忠

帝国ニュース　（2011 年8 月8 日号より）

ない仕組みにすることも大切だとお伝えしました。

　しかし、参加費を徴収すると、どうしても利益が出る場合があります。このときに、そのお金をどう使うのがいいでしょうか？

　イベントでもし利益が出るようなら、迷わず**コミュニティの「志」の達成のために使っていただきたい**と思います。

　なぜ「志」に使うのかというと、多くの参加者はイベント参加費がどのように使われるのかに非常に興味を持っているからです。私がおすすめしている社会性の高いコミュニティの場合は、その傾向がとくに強いように思います。

　成功志縁塾に参加していただいている人のモチベーションは、コミュニティの趣旨に賛同していること、イベント内容が自分のビジネスに必要であること、登壇する講師や他の参加者を応援したいことなどが大半を占め、金銭的な理由はほとんどありません。

ですから、イベント主催者が本当に「志」を実現しようとしているのか、とても関心があるのです。

成功志縁塾は何度もお伝えしているとおり、「東日本大震災の復興支援」と「起業家の成功」を「志」にあげています。ですから、参加費から利益が発生した場合は、「志」に通じることに使っています。

使い方として一番多いのは寄付です。東日本大震災の被災地のみなさんの少しでもお役に立てるように、支援団体を通じて寄付をしています。

これは、現地で必要なモノや支援が日々変化するということと、支援していることが客観的に証明しやすく、わかりやすいということに由来しています。

次に、講師をしていただく方への講師料です。成功志縁塾の場合は、かなり有名な講師の方でも、コミュニティの趣旨にご賛同いただき、多くの場合は寸志程度で講師を引き受けていただいています。

しかし、遠方からお越しいただいたり、業界の第一人者など本当のビッグネームの講師の方には、商工会等の公共団体が主催するセミナー程度の講師料はお支払いするようにしています。その場合の講師料は、通常の1000円の参加費ではまかなえない場合もあるので、何ヶ月か前からある程度計画的に利益をストックしておいて、講師料の足しにしています。

また、イベントの趣旨が成功志縁塾の趣旨と通じるところがあれば、他のコミュニティが主催するイベントに協賛金として使用する場合もあります。

このように、「成功志縁塾（岡山）」の利益が出た場合のお金の使い方の基本は、支援団体を決めての寄付（応援）行為なので、岡山以外の成功志縁塾でもすべてこの仕組みを取り入れています。

「成功志縁塾（東京）」は塾長の久保正英さんの志で、東日本大震災の被災地である気仙沼においてダンスホール再建のための活動を行なっています。

「成功志縁塾（大阪）」は、児童養護施設などの退所者や社会的養護が必要な子どもや若者に、生活自立、学業、就労、家族形成、社会参画などの支援を総合的に行なっているNPO法人タイガーマスク基金に寄付しています。これは、塾長の桜井一宇さんの志に由来するものです。

このように、成功志縁塾というコミュニティは、支援する場所はそれぞれ違いますが、同じコンセプトで活動しているのです。

こうして、「志」を実現するための具体的な活動を行なっていると、コミュニティの輪が全国に広がっていくばかりか、イベントの参加者も「志」を意識するようになり、コミュニティが共通の価値観でつながっていくようになります。

イベント後のおまけの交流会は必須

「イベントの内容を交流会にしてしまうのはおすすめしない」と前述しましたが、**イベントの後に懇親会として開催する**のであれば、それはぜひやっていただきたいものです。逆に、イベント後に懇親会を行なわないのであれば、イベント自体をしないほうがマシだと言っていいほどです。それほど懇親会は重要です。

懇親会は、参加者の生の声（本音）を聞くことができ、信頼関係を構築するのに非常に有効です。このとき、参加者から質問やアドバイスを求められればそれに答えます。そうすれば参加者の満足度が高まります。

とくに、**初めての参加者への対応は一番重要**です。初回参加者はこのイベントに継続的に参加するかどうか迷っています。その不安を、懇親会で安心に変えなければならないのです。コミュニティに関心を持ってもらい、コミュニティの一員になってもらえるように懇親会で背中を押してあげるのです。イベント後の懇親会がなければ、参加者のコミュニティの趣旨への疑問や不安を解消する場がないため、次回のイベントでの参加率が落ちてしまいます。そのための懇親会でもあるのです。

懇親会では、参加者の疑問、質問に正しく答えることで、満足度を高めることだけを意識してください。そうして信頼関係を築くことができれば、次回のイベント参加につながります。

懇親会を開くときにはいくつかの注意点があるので、以下にあげておきましょう。

①懇親会の会場が遠いのはＮＧ

イベント後に懇親会の会場に移動するとき、懇親会場までの距離が長いと、イベントで盛り上がった興奮が移動中にドンドン冷めていって、懇親会の参加率が下がります。

理想を言えば、イベントと同じ会場（館内）で懇親会を行なってほしいところです。成功志縁塾を開催している会場は、イベント会場の下の階がレストランなので、すぐに移動して懇親会が開けます。これによって、「イベント後の高ぶった興奮を維持したまま懇親会に入れる」というメリットがあります。

②参加者が充分交流できる仕組みが必要

懇親会では、参加者が自由に移動できる環境づくりの配慮が必要です。形式的には立食が望ましいですが、2時間ほどの懇親会になるとさすがに疲れる人も出てくるので、成功志縁塾では最初に各人、席を決めておきますが、乾杯以降は自由に移動できるようにしています。大切なことは、あなたはもちろんのこと、参加者が多くの人とコミュニケーションをとれる場をつくるということです。

③懇親会で儲けようと思わない

懇親会費で儲けようとする人がいますが、これは絶対にやめたほうがいいでしょう。そのようなケチな了見は絶対に参加者に見破られます。もし、参加者に懇親会費で儲けているのがバレたら失望されてしまうし、もちろん信用も失ってしまいます。

私も、さまざまな懇親会に出ましたが、懇親会で幹事が儲けているのがわかったときは、非常に残念な気持ちになりました。

懇親会をやる意義は、参加者の満足度を高めて信頼関係を構築することなので、懇親会費のことで信用を落とすのは最悪です。

④会場はコミュニティの属性に合ったところを選ぶ

会場は特別豪華である必要はありませんが、あまりにも安っぽいと、参加者にコミュニティに対する不安を与える可能性があります。ただし、コミュニティの属性に合っている場合は、多少意外な場所で行なってもいいと思います。

懇親会で、参加者と信頼関係を構築していくと、ただの参加者ではなくボランティアスタッフとしてコミュニティに関わりたいという人も出てきます。そんな人を何人も集めることができたら、コミュニティの団結力はよりいっそう強くなるので、懇親会のひとつの目的は、ボランティアスタッフのスカウトの場と捉えてもいいでしょう。

3 イベントに参加したくなる仕組みをつくる

ボランティアの運営メンバーを募集する

ボランティアの運営メンバーは、あなたのイベントを無償で手伝ってくれるばかりか、うまくいけばコミュニティの核になって運営を手伝ってくれる、非常にありがたい存在です。運営メンバーの数は、コミュニティの運営に直接影響を与えるので、できるだけ多いほうがいいでしょう。ですから、イベントを開始したら、できるだけ早い段階で運営メンバーを集めておきたいものです。

それでは、どのように運営メンバーを募集するのかと言うと、その方法はいたって単純です。ひとつは、すでに知っている友人や知人、会社の同僚など、あなたのコミュニティに共感してくれそうな人に声をかけてみることです。

もうひとつは、イベント参加者に、「ボランティアの運営メンバーを募集しているので、お手伝いしていただける方はいませんか？」と聞くだけです。

参加者の人数にもよりますが、確率的に10～20人集まるイベントであれば、1人くらいは手伝ってくれる参加者がいます。

では、どうして参加者が運営メンバーになりたいのかと言うと、それは、「人がお金を払って参加しているイベントに主催者側として手伝うことで、このイベントをつくり出し、多くの人に広げていける」というモチベーションからです。もっと簡潔に言うと、「自分がよいと感じているものを広めていきたい」という感情から、運営メンバーとして参加してくれるようになるのです。

運営メンバーは、一緒にイベントの準備や企画、作業を行なうことになります。もちろん、打ち合わせなどで話す機会がたくさんあります。ですからイベント参加者と比べて、短期間で多くの人と信頼関係を築くことができます。

運営メンバーが数名集まってきたら、その人たちはコミュニティやイベントの「志」や「大義」に賛同して手伝ってくれるわけですから、定期的に会議を開いて意思の統一をはかる必要が出てきます。当然、コミュニティの運営やイベント企画についてもしっかりと話し合うのですが、そこで運営メンバーに役割を持ってもらうと、よりコミュニティへの参加寄与度が高まります。

イベントの運営には、受付、司会、会場設置、ビデオ撮影など、さまざまな役割が必要です。その役割を運営メンバーに任せるのです。運営メンバーがこのコミュニティでどのような役割を果たしたいかをヒアリングして、その人にふさわしい役職につけることで、さらにコミュニティ内での分担が明確になります。

とはいえ、会社のような厳密な組織ではないので、その役職に遊び心を入れてもいいでしょう。「成功志縁塾（岡山）」では、私の「塾長」という役職を筆頭に、「副塾長」「渉外担当」「広報担当」「企画担当」のような企業でもありそうな役職のほかに、「番頭」「教授」「マスコット」「アイドル」等、ユニークな役職も本人の希望によってつけています。

運営メンバーにはオリジナルの名刺とピンバッジを作成して、イベントの際には使用してもらっています。こうすることで、運営スタッフがまとまりやすくなり、よりコミュニティとイベントへの価値を感じてくれて、安定したコミュニティ運営を行なうことができるようになります。

また、メンバーが増えると、イベントの規模も大きくできるので、コミュニティにとっていいことずくめです。

出席者参加型のイベントにする

イベントを企画するときは、できるだけ講演会やセミナーのような話を聞くだけのイベントではなく、参加者が文字どおり参加できるイベントにしてください。

セミナーとは、参加者を一箇所に集めて集中的に技術や知識を教育することで、情報の流れ方はほとんど一方向（講師→参加者）になります。セミナーのテーマが参加者の知りたいこととマッチしていれば、手っ取り早く情報を仕入れられるメリットはあります。

また、本を読んでもよくわからないことも、会場で直接講師から聞くと納得できたりします。多くのコミュニティが主催する勉強会は、セミナー形式が圧倒的に多いようです。

たしかに、セミナー形式のイベントでもいいのですが、その場合、イベントの成功を左右するのが講師のプレゼン能力です。また情報の流れ方が一方通行なので、テーマが参加者の知りたいことと少しずれてしまった場合、参加者の満足度が下がってしまうという弱点があります。

そこで私は、参加者も一緒になって〝学びの場をつくる〟手法をおすすめしています。それは**ワークショップと呼ばれる手法**です。

参加者の学びの場は、テーマにもよりますが、チームごとに分かれて意見を出していく〝グループ型〟と、個人に付箋などを渡して、考えやアイデアを出してもらう〝個人型〟に分類されます。

情報の流れ方は双方向的で、参加者の規模としては数名から多くて20名ほどで行なうことができるので、小規模なイベントにはピッタリです。

セミナーのように、あらかじめ設定された「答え」を見つけるのではなく、ワークショップは「答え」そのものを参加者が生み出すプロセスを尊重します。ですから、ワークショップはビジネスで重要な、「学習意欲」「問題解決力」「コミュニケーション」の3つの要素を同時に学ぶことができる、すばらしい手法なのです。

ただ聞いているだけではなく、自分で考え、意見を発言したり、行動を起こすので、「イベントに参加した」という充実感を感じることができますし、さらに「わかった」という気になれる度合は、セミナーよりもさらに深く、満足感も大きくなります。

また、ワークショップでは他の参加者との協同作業があるので、参加者同士が必然的に仲よくなれるので、その部分での満足感も高まります。

このように書くと、いいことずくめなので、ぜひやってみたいという人も多いと思います。ただ、ひとつ面倒なことがあります。ワークショップは相応の準備が必要だということです。

ワークショップは参加型のイベントですから、参加者がこちらの思いどおりに行動してくれるとは限りません。と言うより、参加者から、こちらが思いもよらない行動や発言が飛び出すことがよくあります。ですから、あらゆるシーンを想定しての準備が必要になってきます。

しかし、困難を乗り越えてワークショップを成功させれば、得られる経験値はセミナーよりも大きなものになるし、参加者との関係性もより緊密になるでしょう。

また、参加者のみならず運営メンバーにも、運営側としてしっかりイベントに参加してもらってください。イベント運営におけるさまざまな役割をしっかりこなして全員一丸となってイベントを成功させれば、充実した時間をともに過ごすことができるパートナーとして、さらにコミュニティの魅力を強固にしていくことができるでしょう。

コミュニティの「志」と参加者の「夢」に共通点を持たせる

参加者も運営スタッフも、あなたのコミュニティやコミュニティが主催するイベントに参加する目的は、コミュニティの「志」に共感してくれるからだとお伝えしていますが、それは、せいぜい数回までの話です。参加者や運営スタッフに半年とか1年とか、長期的かつ継続的にイベントに参加してもらうには、コミュニティの「志」だけでなく、〝目に見えて感じてもらえるメリット〟が必要になってきます。

メリットとは、お金とか商品などの物質的なものではなく、参加者や運営スタッフが喜んでイベントに参加したくなるような、コミュニティの「志」と参加者の「夢」に共通点を持たせるということです。

そうすることで、参加者のイベント参加が〝他人事〟から〝自分事〟に変わるのです。コミュニティへの参加が〝自分事〟になると、コミュニティへの参加意欲も高まり、率先して協力してくれるようになり、イベントへの参加頻度も飛躍的に高くなります。

それでは、どのように「志」と「夢」に共通点を持たせればいいのかと言うと、次の3つのプロセスを踏むことで可能になります。

①参加者が自分の「夢」を明確に持つ

まず、あなたのコミュニティへの参加者各自が「夢」を明確に持っている必要があります。「夢」という言葉でイメージできないならば、「目標」という言葉に換えてもいいでしょう。いずれにしても、参加者がビジネスやプライベートで達成したいことを明確に持っていることが最も重要になります。

そのうえで、あなたが参加者の「夢」を知っていれば、より密度の濃いサポートができるので、できれば参加者の「夢」を知っておいてください。

参加者の中には、「夢」や「目標」といったものを漠然としか持っていない人がいるかもしれません。そんな人には、イベント後の懇親会などで話を伺い、「夢」をより明確にしてあげる必要があります。

②あなたがコミュニティの「志」を参加者に明確に打ち出す

次に、コミュニティの「志」を参加者に伝えることです。これは、どの場面ということなく、頻繁にアナウンスするのがいいでしょう。とくに、イベントの最初か最後には必ず伝えるようにしてください。また、「志」に関連した出来事が起こったときは、必ず報告してください。

そうすることで、コミュニティの活動が本当に行なわれていることを証明することになり、参加者のコミュニティへの信頼感がより高くなります。

成功志縁塾の場合は、年に1回の「炊き出しグランプリ」への協賛はもとより、どこかに寄付したことやボランティア活動を行なうと、必ず直近のイベントで参加者に報告しています。

③参加者の「夢」とコミュニティの「志」の実現には大いに関係があると認識させる

参加者に「夢」があり、コミュニティの「志」を知ってもらうことができたら、それぞれの実現には重要な関係があることを参加者に認識してもらい、できれば新しい目標をつくってあげるのです。

たとえば、営業の人がコミュニティに参加している場合、多くはコミュニティの他の参加者の中から、見込み客を獲得しようと思っているはずです。その場合、コミュニティの中から集客すると、参加者へのアプローチが終われば、参加する意味がなくなってしまいます。そこであなたは、コミュニティの中で集客するのではなく、他の参加者とコラボレーションして、そこから外に向かって集客するほうが長続きする、ということを伝えるのです。

そうすることで、参加者はより多くの見込み客を見据えることになり、コミュニティに参加することによって多くの集客が可能になることを知るのです。

成功志縁塾でも、営業マンとセミナー講師、お花の先生とハウスメーカー、セミナー講師と飲食店といった、異業種でのコラボレーションが頻繁に起こっています。

この3つのプロセスを踏むことで、参加者は自分の「夢」や「目標」が、コミュニティの中で活動することで達成する可能性が高くなることを知って、非常に協力的になり、イベントへの貢献度も高くなります。コミュニティにとっても協力的な参加者が増えると、「志」を実現する可能性がますます高まります。

紹介が起こりやすい雰囲気をつくる

参加者の満足度を高めて、イベントへの参加率が高くなると、かなり安定したコミュニティの運営を行なうことができるようになります。しかし、それだけでは万全ではありません。ある程度イベントをやっていると、よくも悪くも参加者が固定化されてきます。毎回同じ参加者だけになってくると、いくらコミュニティに魅力を感じている参加者であっても、新鮮味を感じなくなります。一番よくないのは、イベントの主催者と一部の参加者だけで盛り上がる身内感を出してしまうことです。

身内感を感じると、新規の参加者は場違いな雰囲気を察して、イベント自体に参加しなくなります。ですから、イベントの最中はすべての参加者が平等に楽しめるような工夫をする必要があります。さらに、できるだけ身内感を出さないために、毎回行なうイベントで新規の参加者を集めることも必要になります。

実は、ここがコミュニティが長期的にイベント開催を継続できるかどうかの分かれ道になります。

一般的には、新規客を獲得しようとすると、コストと時間がかかります。チラシやSNSを駆使して集客することも必要だと思いますが、お金をかけずに集客する一番のおすすめは、既存の参加者から興味のありそうな人を紹介してもらうことです。

それには2つのやり方があります。

①運営メンバーから紹介してもらう

参加者から新規参加者を紹介してもらうためにやることは、この章でも触れていますが、まず参加者の中からボランティア運営メンバーを集めることです。そして運営メンバーに、新規の参加者の紹介をお願いするのです。

運営メンバーは、コミュニティの「志」に賛同してくれて、コミュニティと特別な関係を築きたいと思っている人たちです。そのような忠誠度の高い人たちなので、数名の新規参加者は充分期待できます。

②イベント参加者に紹介してもらう

コミュニティの創成期は、運営メンバーとあなた自身の営業努力で集客するケースが多いことでしょう。そこで、3回目のイベントを開催したあたりから次のステップに入ります。それは、参加者に直接、紹介をお願いするのです。コミュニティの趣旨がうまく伝わっている場合は、こちらからあまりアナウンスしなくても、参加者が勝手に次のイベント開催時に「友人を連れてきてもいいか?」と問合せをしてくることもあります。

もちろん、その場合はイベント自体の満足度が高いので、アナウンスを少なくしてもいいかもしれませんが、そのような場合でも、たまには新規の参加者の紹介をお願いしてみるといいでしょう。
どのようにお願いするのかと言うと、単純に「○○さんのお知り合いの方で、このような会に興味ありそうな方がいれば、ぜひ連れてきてください」と言うだけです。イベントに共感してくれている人であれば、「次回は知り合いを連れてきます」という返事をくれるはずです。

ここで気をつけなければならないことは、常に紹介してもらいやすい雰囲気をつくるということです。また雰囲気だけでなく、仕組みとして新しい人が参加しやすくすることも必要です。

たとえば成功志縁塾では、毎月講師を変えています。しかも**講師は、基本的に地元の起業家から選ぶ**ことが多いのです。そうすると講演内容が毎回違うため、おのずと毎回違った人が参加してくれます。また、地元の起業家を講師にすることで、講師自身が集客を行なってくれることも少なくありません。

このように、新規の参加者がイベントに参加しやすい工夫をすることで、既存の参加者も満足してくれるようになり、さらに紹介を生むコミュニティに育っていくのです。

4 コミュニティをブランド化する

社会貢献を行ない、その活動を報告する

コミュニティを、さらに価値あるものに昇華させるためには、コミュニティを「ブランド化」する必要があります。コミュニティのブランド化と言っても、それほどむずかしいことをする必要はありません。

やってほしいことは、シンプルに**コミュニティの「志」に公共性・社会性を持たせる**ということです。簡単に言うと、ボランティアでも寄付でも他者のイベント参加でも何でもいいので、「地域社会に役立つ活動をしてください」ということです。そして活動をしたら、できる限りの方法で活動報告をしていくのです。

今までブランド化と言えば、大手企業が企業イメージの向上のために行なっていましたが、その後、その考え方が個人事業主にも伝わり、パーソナルブランディングという言葉もよく聞かれるようになってきました。

そして、成熟社会に突入した現在では、コミュニティが中心になり参加者がアクションを起こしていくことでブランドが確立されていく、「コミュニティブランディング」が注目さ

れるようになってきたのです。

なぜなら、今までの「企業が経済的な活動を行なう代わりに社会貢献をする」という考え方から、「消費者と一緒に、経済的にも社会的にも価値を創出しよう」という考え方に変化してきたからです。

コミュニティがブランド化できれば、参加者のリピート率が上がるだけでなく、新規の参加者も見込めるようになるので、ぜひ力を入れてやってほしいものです。

成功志縁塾の社会貢献活動と言えば、何度もお伝えしているとおり、東日本大震災の復興支援事業の応援です。

とくに、「炊き出しグランプリ」は、開催当初から一貫して応援しており、イベント開催時のボランティアスタッフとして、当塾の運営メンバーから数名が参加して、災害時の対応や宮城県の現地被災者のみなさんからお話を聞いたり、現地を視察しています。

私自身も現地に赴き、被災地の現状の光景に衝撃を受けて、心から「これは、国だけに任せていたのでは復興にいつまでかかるかわからない」という思いを胸に刻み込みました。このような経験が、成功志縁塾の「志」をより強固なものにしてくれているのだと思います。

このような活動は随時、ホームページやフェイスブック等のＳＮＳでご報告させていただいています。社会貢献度の高い活動を行なっていることを周知していけば、参加者には、成功志縁塾が社会的に意義のある活動を行なっていることが少しずつ浸透していきます。そうすることで、参加者と見込み客にコミュニティの信頼度を高めていくと同時に、一緒に「志」を実現していこうという思いを共有していけるのです。

大きなことでなくてもいいのです。小さなことで充分なので、あなたがやりたくてコミュニティも継続してやり続けられる社会貢献活動を行なってください。その小さな活動が、参加者と地域の絆を深めてくれることになるのです。

コミュニティをメディアを使ってアピールする

コミュニティをさらに多くの人に知ってもらって興味を持ってもらうためには、どのようなマーケティングを行なえば効果的でしょうか?

もちろん、新聞、雑誌やテレビなどのマスメディアが注目してくれて、取材してくれるようなコミュニティになればそれはとてもすばらしいことだし、私も最終的にはそのようなコミュニティを目指しています。

しかし、コミュニティをつくったばかりの段階では、簡単にメディアから取材のオファーなどきてくれません。そこで私は、「トリプルメディアマーケティング」をおすすめしています。
「トリプルメディアマーケティング」とは、ペイドメディア、オウンドメディア、アーンドメディアというそれぞれ性質の異なる3つのメディアがあり、それらを連携させたマーケティングを行なうことです。以下に3つのメディアを紹介します。

ペイドメディア……「関心をつくる」メディアです。テレビ・新聞等の広告、看板、折り込みチラシなどの有料のメディアです。多くの人に認知してもらい、オウンドメディア、アーンドメディアに見込み客を誘導することを目的としたメディアです。

オウンドメディア……「理解してもらう」メディアです。あなたが自ら管理・運営し、情報発信するメディアです。あなたが所有するＷｅｂサイトやメールマガジンなどを指します。参加者や見込み客に多くの情報を伝えることができるうえに、コミュニケーションがうまくとれれば、ブランド価値を大幅に上げることができます。

アーンドメディア…「共感を得る」メディアです。主にTwitterやフェイスブック、最近ではLINEといったソーシャルメディアのことを指します。参加者や見込み客と良好なコミュニケーションをとることによって、ブランド認知向上やイベント集客に効果が期待できます。

　理想的な流れは、広告（ペイドメディア）で見込み客を集客し、コミュニティのＷｅｂサイト（オウンドメディア）にできるだけ多くの人を誘導し、あなたが直接、コミュニケーションを行なうことで深い関係性を築きます。

　良好な関係性ができた見込み客には、自身のソーシャルメディア（アーンドメディア）で、あなたのコミュニティについて発言することで、ソーシャルメディア上に評判が形成されます。そのソーシャルメディアの評判を基に、新たな参加者がコミュニティのＷｅｂサイトを訪問し、コミュニティとの関係性を深めていくという流れです。

　各メディアが個別の役割を果たしながら、参加者との関係構築と、見込み客を獲得するという、マーケティングプロセスが実行されるのです。

　問題があるとすれば、多くの人に広く訴求するペイドメディアは影響力は絶大で即効性がありますが、それなりの資金が必要だということです。また、一方的なメッセージは参加者から無視されたり警戒されたりすることもあります。

　それに対してオウンドメディアは、広告ほどの即効性はありませんが、あなたのコントロールの下で、興味を持ってくれた見込み客に向けて、直接メッセージを発信することができます。

そして、参加者の体験談や、参加者同士のコミュニケーションによって評判が形成されるアーンドメディアは、見込み客からの信頼が高いとされています。

このように、それぞれのメディアは長所と短所があるので、それを踏まえたうえでうまく活用してください。

ときには大物ゲストを招いてティーアップしてもらう

トリプルメディアを有効に使って、イベントへの集客がある程度できるようになったら、次はイベント参加者にコミュニティの価値のすばらしさを有効に伝えたいところです。

それには、コミュニティの「志」をあなたに代わって代弁してくれるゲストが有効です。もちろん、ふだんはあなたや運営メンバーが「志」を伝えていくのですが、毎回伝えていると参加者のみなさんは飽きてきて、効果が薄れていきます。

そこで、コミュニティの「志」のすばらしさを代弁してくれる、第三者が必要になってくるのです。要するに、第三者に「ティーアップ」をしてもらうのです。

「ティーアップ」とは、元々はゴルフ用語です。ゴルフでは、コースの初めにボールを打つとき、ティーグラウンドにピンを刺してボールを少し持ち上げて打ちます。このボールを少し持ち上げるところから、コミュニケーションスキルの用語として、ほめて少し持ち上げることを「ティーアップ」と呼んでいます。

もちろん、ゲストが登場する前にあなたもゲストを「ティーアップ」する必要がありますが、そうすることで、ゲストの方もあなたやコミュニティを無理なく「ティーアップ」してくれます。

あなたもゲストも参加者によいイメージを与えて、**お互いの「ブランド価値」を高めること**が最も重要な目的です。

そうなってくると、ゲストは誰でもいいというわけではなく、できればコミュニティの「志」に関係している、しかもその道である程度成功を収めている人がいいでしょう。

もしかするとあなたは、その道の成功者があなたのイベントに簡単に出演してくれるはずはないと思っているかもしれません。

たしかに、すべての人が簡単にＯＫしてくれるとは限りませんが、その道の成功者であるならば、当然あなたの活動に共感してくれるはずです。

さらに、ある程度の参加者が見込めるとなれば、ゲストの活動をあなたが応援するという立場もとれるのです。そうなると、お互いＷｉｎ－Ｗｉｎの関係が成立する可能性が高くなります。

そこで相手にもメリットがあると感じてもらえるように交渉ができれば、驚くほど低いハードルでゲスト出演ＯＫということもよくあります。

たとえば、成功志援塾の場合は、「参加するすべての人の成功を応援する」という志があります。そして参加者の多くは起業家、起業家予備軍、経営者、もしくは意識の高いサラリーマンです。

そんな参加者が喜ぶようなゲスト講師は、やはりふだんから講演やセミナーを開催しているプロのセミナー講師やビジネスノウハウを伝えているビジネス書作家やコンサルタントの先生ということになります。

成功志縁塾は、そんな先生を1年に2回程度お呼びしています。

しかし、成功志縁塾は小さなコミュニティです。正規の料金をお支払いしていると、コミュニティの運営が行き詰まります。ですから、コミュニティの趣旨をしっかり説明して交渉を行ないます。

また、自分の話を聞いてもらいたい、自身のノウハウを広めたいと思っている先生は意外に多いので、会場での書籍販売をＯＫにしたり、「商品やサービスをご案内してもＯＫですよ」と認めると、交通費程度の謝礼でもきてくださる先生も案外多いようです。

とっておきの秘策をお伝えすると、私の場合は、交渉の段階で依頼したいゲストがどこにいても、必ずその方に会いに行って、面と向かって直接交渉をします。そうやって、その道の成功者に近づくことができれば、あなたにとって非常に優良な人脈になること間違いなしです。

ですから、名前を知られた講師を招くことは、多少の経費はかかるかもしれませんが、コミュニティだけでなく、あなたのビジネスとしても得られるものは非常に大きいので、ぜひ実行してみてください。

5章

コミュニティの中で影響力を発揮する

1 コミュニティのファンからあなたのファンを創造する

新規参加者には「出会えたご縁」の感謝を伝える

ピーター・ドラッカーは、「企業の目的は顧客の創造である」と言っています。

ビジネスが顧客がいなければ成立しないように、イベントも参加者がいなければ成立しません。

ところが、あなたはコミュニティへの新規参加者を集めることばかりに注力して、過去あるいは現在の参加者を軽視してしまうことはないでしょうか。よく言われることですが、新規顧客獲得のためのコストは、既存顧客からビジネスを発展させるコストよりも、5倍から10倍高くつくのです。

しかし、あなたが参加者に感謝を伝えることにより、コミュニティとあなたの信頼を高め、次回の参加率を高めることができ、継続的に信頼関係を築くことができます。

忘れないでください。コミュニティへの忠誠度を上げる圧倒的に有効な手段は、**参加者に対してあなたが直接、感謝の気持ちを表わす**ことなのです。

とくに新規の参加者がいる場合は、大きなチャンスです。新規参加者は、今日からこの先、何回も通い詰めてくれる上得意の参加者になってくれるかもしれません。

ですから初参加を記念して、これでもかと言うほど歓迎してほしいのです。気になっていたイベントに初めて参加したときの記憶は意外と印象深く、ずっと残るものです。そのときの印象がよかったら、参加者は必ず覚えています。

逆もあり得ます。気になっていたイベントの印象が残念なものだったら、それもずっと忘れられないでしょう。

たとえば私は、新規の参加者が受付にこられたら、こんな感じの対応をしています。

「ありがとうございます。本日はようこそお越しくださいました。私、成功志縁塾の塾長の赤松と申します。どうぞ、よろしくお願いいたします。では、講師間近のよいお席にご案内させていただきます」

と言って、空いている前方の席にご案内します。

とくにむずかしい接客技術は必要ありません。「よく参加してくださいました。ありがとうございます」という感謝の気持ちを全面に出してお伝えするだけです。できればふだんの2倍、感謝を伝える気持ちと笑顔で接するといいでしょう。それだけで、また1人ファンを増やすことができるかもしれないのです。

また、講演会終了後の懇親会に参加してくださった場合は、できるだけ席を近くにして、参加の動機やビジネスのこと、将来の夢などをしっかりと伺うするようにしています。

そうすることで、イベントに参加する意義と成功志縁塾を結びつけるようにしているのです。事実、懇親会で有効な関係性を築くことができると、次回参加の確率が上がりますし、場合によっては運営メンバーとしてスカウトもできるので非常に効果的です。

さらに、イベント終了後も、新規参加者には感謝の気持ちを伝え続けたいものです。できれば、礼状や感謝のはがきを出してほしいのです。こちらも、文面はとくに目新しいものにする必要はありません。

「先日はイベントにご参加いただき、ありがとうございました!! 近々起業されるなんてすばらしいです。全力で応援させていただきたいと思いますので、私にできることがありましたら、何なりとご相談ください」

というような文章で、イベント参加のお礼と、参加者と交流して印象深かったことをポジティブに記載して送ってください。こんな内容の1枚のはがきがキッカケで、大切な参加者に覚えてもらって、次回参加の確率が上がることもあるのです。

また、はがきを送ることができない場合は、最低限、ＳＮＳのメッセージ機能やメールでお礼の言葉を送っていただきたいものです。

このように、新規参加者を含めたイベント参加者に感謝の心を伝えることが、コミュニティだけでなく、あなたのファン育成の鍵になるのです。

参加者の応援・支援はサービス精神ＭＡＸで行なう

ビジネスにおいて、圧倒的な成果を出すために最も大切なスキルとは何でしょうか？　それは、**「人を自分のファンにして応援してもらうスキル」**です。

最初はまったくのゼロから始めたビジネスが、圧倒的な成果を出して軌道に乗せることができるのは、マーケティングの力を駆使したからでも、財務などの知識を総動員したからでもありません。

もちろん、そのようなスキルがまったく必要ないということではありませんが、圧倒的な成果を出した人は、とくにＭＢＡやマーケティング、財務の知識を完璧に習得しているわけではないのです。

マーケティングの優れた知識を持っている人、財務の優れた知識を持っている人など、自分よりも優れた能力を持っている人と競争するのではなく、そういった人に応援してもらうことができれば、自分1人では思いもつかなかったようなことが、どんどん実現できるようになります。

自分1人ではできなかったことが実現できるようになったら、あなたの夢やビジネスは飛躍的に加速するはずです。

たとえば、アメリカの自動車メーカーであるフォードの創始者ヘンリー・フォードは、自分を「無知な平和主義者」と評した新聞社を名誉毀損で訴えました。

ヘンリー・フォードは法廷で、新聞社側の弁護士から、彼の無知さ無能さを証明するためのさまざまな質問攻めに遭いました。

しかし、フォードは以下のような主張をしました。

「私のデスクにはたくさんのボタンがあります。その中の正しいボタンを押しさえすれば、私に必要な知識を持った部下がすぐきてくれます。私がどうしてあなたの質問に答えるために、一般知識を詰め込んでおく必要があるのでしょうか?」

ヘンリー・フォード自身に専門知識がなくても、彼の部下や彼の支持者たちがヘンリー・フォードを応援し、彼の事業を支えてくれていたのです。

世界的な成功者たちの成功するまでの過程を調べてみると、多くの場合、有能な協力者の応援を得て、成功への階段を昇っていることがわかります。

それでは、「人を自分のファンにして応援してもらうスキル」を身につけるにはどうすればいいのでしょうか?

私は、ナポレオン・ヒル博士の言っている成功の黄金律である、「相手の望みを叶えることを自分の望みとする」ことに徹することだと思います。

つまり、参加者を自分のファンにして応援してもらいたいと思うならば、まずは**あなたが参加者のファンになり、参加者の望みを叶えるために全力で応援する**ことです。

もし、参加者に何か相談をされたのならば、ぜひ応援してあげてください。そのとき絶対に手を抜いてはいけません。あなたが全力で真剣に参加者を応援する姿が、参加者の心をつかみ、信頼が得られるのです。

そうは言っても、応援した全員があなたの協力者になるとは限りません。しかし、10人の応援をして、その中で1人でも2人でも協力者やファンになってくれれば、コミュニティにとってもあなたにとっても、重要な存在を得ることになります。

鉄鋼王アンドリュー・カーネギーの墓碑銘は、「自分より能力ある人間を束ねた者、ここに眠る」というものです。この強烈なメッセージが、コミュニティの主催者のみならず、経営者の理想の姿であると私は考えています。

「艶やかな言葉や立ち振る舞い」で尊敬され信頼を獲得する

あなたのコミュニティの参加者にコンサルタントとして尊敬され信頼されるには、たとえ今はそうでないとしても、人気コンサルタントのふりをする必要があることはお伝えしました。たとえば服装や言葉、そして立ち振る舞いは、コンサルタントとして相応しいものであることが大切です。

初回の面談のときにクライアント先にTシャツとジーパンで登場し、いきなりなれなれしい態度で接したら、クライアントはどう思うでしょうか？

おそらく、「ラフな感じの人だなぁ……。この人に依頼して大丈夫かな!?」と思う人が多いのではないでしょうか。たしかに最近は、コンサルタントもさまざまキャラづくりをしている人も多くなりましたが、私は、お客様が選択するときには「……らしさ」というものが非常に重要なポイントであると考えています。

コンサルタントの差別化はコンテンツや実績で行なうもので、決してキャラづくりなどで行なうものではないと考えています。

コンサルタントがお客様に選ばれる理由は、〝コンサルタントらしさだ〟と考えているので、コンサルタントとしての服装やコンサルタントとしての言葉遣いには、充分に気をつけています。とくに発する言葉は、コンサルタントにとっては商売道具で、まさに命とも言うべきものですから、慎重になる必要があります。

自分の着たい服を着たり、奇抜な髪形やメイクをすることは、「おしゃれ」かもしれませんが、それは「身だしなみ」ではありません。「おしゃれ」は、自分の好みのファッションを自分のセンスで着こなすことです。一方、「身だしなみ」とは、他人の目に自分がどう映るのかを意識して、相手を不快な気持ちにさせないことです。

「おしゃれ」は言ってしまえば、自分本位の考え方であり、自己中心的と言えます。一方、「身だしなみ」は相手本位の考え方と言えるでしょう。コミュニティの中だけでなくビジネスの現場でも、この相手本位という考え方がきわめて重要になります。

コンサルタントにとって、スーツやシャツはユニフォームであり、「身だしなみ」を意識した服装なのです。ですから、自分の好みよりも、自分の置かれている立場や状況に応じて選ぶべきです。

そうすることで、人からはコンサルタントのイメージと一貫性がとれるので尊敬され、信頼を獲得し安心感を持たれるのです。

信頼されて、地域Ｎｏ．１コンサルタントになるためには、仮に現在の位置からはほど遠いとしても、しっかりイメージし、地域Ｎｏ．１コンサルタントを意識した立ち振る舞いをすることで徐々にそこに近づいていくことです。

こちらからビジネス営業は絶対にしない

もしかしたら、ここまでお読みいただいた読者の方も、コミュニティのファンからあなたのファンを創造することが〝できる人〟と〝できない人〟に分かれるかもしれません。

両者の違いをひと言で言うと、「コミュニティの中で、あなたのほうから〝営業行為を行なわない〟ことができるかどうか」です。

なぜかと言うと、コンサルティングという仕事は、見込み客の絶対的な信用を必要としています。ですから見込み客からの信用を獲得していなければ、いくら営業しても相手には響かず、まったく意味がないからです。

それでは、見込み客から絶対的な信用を獲得するにはどうしたらいいのでしょうか？　それは、当たり前のことですが人間関係の構築です。人間関係が構築できれば、自然と信頼は獲得できるのです。

コミュニティに参加してくれた人と人間関係をつくる秘訣は何でしょうか？　それは〝雑談〟なのです。まだ信頼関係を構築しきれていない参加者に対して、いきなり「困りごとをお聞かせください」と切り込んでも、うまく聞き出すことはできません。世間話や雑談から、お客様のニーズの全体像を把握するといった工夫が必要なのです。

ただし、雑談と言っても、単に世間話を延々とすればいいというものではありません。

私は見込み客と雑談をするときには、「ヒアリング」だと思ってお話を伺うことにしています。「ヒアリング」と言っても、あれこれ質問をする必要はありません。的確な質問をすれば、最低限のやり取りで見込み客の興味・関心やニーズのありかを確認することができるのです。

私が使っているマジックワードとも言うべき言葉を、ひとつお伝えします。

それは、**「最近、順調ですか？」**です。

順調ですか？　という質問だけでは、何について聞かれているのかを特定することはできません。これは、ビジネスでもプライベートにおいても使用できる質問です。「何について聞かれているのか」の判断を相手に任せる質問なのです。

ですから、質問された人は何が順調かを考えます。そして多くの場合、ビジネスについてでもプライベートのことでも、重要度の高い話題が出てくることになります。

仮にビジネスの話が出てきたなら、そのままその話を聞いていればいいのです。順調に言っているビジネスの話ですから、相手も快く話してくれると思います。

また、プライベートでの趣味の話になったとしたら、相手の情報を得られるチャンスです。しかも順調だと言っているのですから、相手が興味を抱いているものの話です。

このような話は、見込み客の考え方や価値基準を測る要素になりますから、ぜひ聞いておきたい情報です。プライベートな話でひとしきり盛り上がった後は、自然な流れでビジネスの話もできるでしょう。そうした雑談の中で、信頼関係を構築してほしいのです。

そして、雑談がひとしきり盛り上がったところで、私はこの質問を行ないます。

この質問は、相手のビジネスの成功を促しつつ、それでも完璧ではないビジネスの問題点を見込み客から口にさせ、かつ相手から相談を受ける体になるという本当に魔法の言葉です。それは、**「そんなにうまくいっているなら、○○さんの会社はもう安泰ですね」**というものです。

読者のみなさんは、この質問をされたらどのように答えるでしょうか？

私の経験では、「そうですね。安泰です」と答えた人は今のところ1人もいません。どんなにビジネスがうまくいっている経営者であっても、「そうは言っても、△△という問題があってね」とか、「今はよくても、いつまでもうまくはいかないだろう……」といった答えが返ってきます。

このときに私は、「よかったら今度、個別にお話を聞かせてください」とアポイントを取ります。信頼関係を構築できていれば、この時点での面談を断られることはないでしょう。

コンサルタントたるもの、いきなりパンフレットを出して、商品・サービスの説明や紹介を始めるなどということをしてはいけません。お客様のニーズがあることを確認しない限り、商品・サービス名は一切口には出さないことです。

このように、コミュニティの中で影響力を発揮するには、ビジネス営業を行なうのではなく、相手の話を聞く〝雑談〟に集中することです。

2 おまけの交流会が〝縁〟を〝絆〟に変える

関係性を築くスキル(ラポール)

私は本書の中で、交流会への参加はあまり意味がないかもしれないとお伝えしました。しかし、自分のコミュニティでイベント後に開催する交流会は非常に重要です。ここで、いかに参加者と良好な関係性を築くかが、出会いの〝縁〟を継続的なおつき合いである〝絆〟に変える重要なポイントとなります。

人間関係を良好にするために不可欠なのは、もちろん「コミュニケーションスキル」です。しかし、私の言う「コミュニケーションスキル」とは、「話す能力」のことではありません。「聞く力」「質問テクニック」等の、「言語的コミュニケーション」も大切ですが、さらに重要なのは、言葉として表現しない「非言語コミュニケーション」なのです。そして、「非言語コミュニケーション」の中でも、最も大切なのが「ラポール」です。

では、「ラポール」とはどういうものでしょうか。ラポールとは心理学の用語で、コーチングやNLP（神経言語プログラミング）でも、最重要キーワードとして紹介される概念です。セラピストやコーチと、クライアントとの正しい関係を指し、心が通じ合い、互いに信頼し、相手を受け入れている状態を意味します。

ラポールを築くことができれば、何でも話すことができ、お互いに影響し合うようになります。そして練習を重ねれば、どんな人とも簡単にラポールを築き、よい人間関係を築けるようになるのです。

それでは、どうすればラポールを築くことができるのでしょうか？

「ラポール」は状態を表わしており、プロセスではありません。ですから、「相手と良好な関係を維持するために、まずはラポールを構築することが大切だ」と言われても、コーチングやカウンセリングに携わった人でないと、どうすればいいのかわからないと思います。

私は、次の5つのポイントを重視して相手と関わっていきます。

①注目：相手の言動に注目し、よく観察することです。相手がどのような人柄なのかを、先入観を持たずにじっくりと観察します。

②関心：相手の言動に関して興味を持って接します。

③共感：相手の言動に共感したり、お互いの共通点を探します。

④信頼：まず、こちらから心を開いて接するようにします。さらに、相手の考え方や性格などを否定せずに受け入れます。

⑤敬意：相手の経験や実績に敬意を払っていることを、相手に示します。

このような点に着目して参加者と接していくと、自然とラポールが築かれていきます。ただ、交流会のわずかな時間では、1回で多くの人とラポールを築くことはむずかしいかもしれません。その場合は、次のイベントの機会に再度接触するということになります。ラポールは、相手との接触を繰り返すことによってより成熟していくと言えます。

相手とラポールが構築されると、緊張することなく自然なコミュニケーションがとれるようになります。話し方や話す内容はとくに関係がありません。お互い、警戒心を持っていないので、打ち解けて話をすることができます。そして、お互いの存在を尊重しています。

このような状態になれば、相手の本音の話が聞けるので、ビジネス上の心配事や問題点も話してくれるようになります。

これが、〝縁〟を〝絆〟に変える最初のステップになります。

傾聴のスキルで相手の話したいことを聴く

前項では、参加者とラポールを構築できれば本音の話ができるとお伝えしました。それでは、ラポールを築けた参加者とどのようなコミュニケーションをとっていけば、効果的により関係性を深めることができるでしょうか？

それは、相手の話をしっかりと聴くことです。

これを「傾聴」と言います。〝聞く〟ではなく〝聴く〟です。〝聞く〟は〝耳〟に入ってくる音をとりあえず理解することですが、〝聴く〟は〝耳〟と〝目〟と〝心〟を活用し、注意深く一所懸命に〝聴く〟のです。

余談ですが、英語においても「傾聴」は、「Active Listening」と書いて、黙って耳を傾けるのではなく、能動的に〝聴く〟という意味があります。


コミュニケーションにおける「傾聴」は、相手と誠実に向き合うことを指します。相手と誠実に向き合うとは、相手の言葉をうわべで聞くのではなく、相手の心をしっかりと受け止めることを指します。相手の心は、聞き取れる言葉だけでなく、表情やしぐさ、さりげない動作や息づかいに現われます。相手の気持ちや感情などを、相手になりきって、その心を100％理解しようという気持ちで挑むことが大切なのです。

私がよく使っている傾聴スキルは、以下の4つです。

①アイコンタクト

コミュニケーションをとるときには、言葉だけに情報のやり取りのすべてを頼っているわけではありません。オンライン上でのやり取りならば、文字の他に顔文字や絵文字。実際に人と話す場面では、身振りや手振り、声のトーン、表情、そして「目の動き」が、相手に与える印象を決めるのです。

②うなずきとあいづち

話をしているときに、聴いてくれている人がまったくうなずきもせず、何も言わない（あいづちがない）状態だと、「ちゃんと聴いてくれているのかな？」と不安になったりしませんか？

「うなずき」と「あいづち」は、話をされているほうが、「しっかり聴いている」と伝えるために意図的に入れます。相手も自分の話を聴いてくれていると思えば、ますます熱心に話をしてくれます。

③笑顔

「うなずき」や「あいづち」と同様に、話を聴いているときには、笑顔でいることが大切です。相手の話を興味深く聴いていることを表情で示すことで、さらに楽しく話をしてくれます。

④オウム返し

たとえばレストランに食事に行って、注文を取りにきてくれた店員さんに、「ホットコーヒーとチーズケーキをお願いします」と注文したときに、「かしこまりました」とだけ答える店員さんと、「ホットコーヒーとチーズケーキですね。かしこまりました」と、こちらの言葉を繰り返してくれる店員さんがいると思います。

後者のほうが「わかってもらっている」という安心感があると思います

このオウム返しのスキルは、心理カウンセリングでは、話し手が言ったことを一言一句ほぼコピーして返せるくらい集中して、相手の話を聴く訓練で養います。

そのくらい集中して相手の話を聴く姿勢が、信頼関係を築くポイントになります。

Win‐Winの関係性。最初のWinは相手から

Winとは、「勝利する」という意味です。反対はLoseで、「負ける」とか「損をする」という意味になります。WinとLoseのどちらかを選ぶとすれば、誰もがWinを選ぶでしょう。

それを踏まえて、よくビジネスの現場で使われるのが、「Win‐Winの関係」という言葉です。お互いが損をしない、メリットのある関係を意味します。

Win‐Winの関係を一番構築しやすいパターンは、アライアンス（業務提携）です。アライアンスは、緩やかなWin‐Winの関係です。たとえば、Web制作会社が販売会

社とアライアンスを組み、Ｗｅｂ制作会社は開発に専念、販売会社は代理店としてＷｅｂの販売に注力するというような関係です。アライアンスは、両社が対等な関係なので元請けと下請けといったような上下関係はありません。

成功志縁塾でも、企業同士とまではいかなくても、担当者レベルで相互にお客様を紹介し合う活動は活発に行なわれていますし、参加者のみなさんには、そこを目指してイベントに参加いただくように私たちも動いています。

「Ｗｉｎ－Ｗｉｎの関係」以外では、「Ｗｉｎ－Ｌｏｓｅの関係」「Ｌｏｓｅ－Ｌｏｓｅの関係」があります。「Ｗｉｎ－Ｌｏｓｅの関係」は、どちらか一方が得をして、もう一方が損をする関係です。「Ｌｏｓｅ－Ｌｏｓｅの関係」は、どちらも損をする関係です。少なくとも一方が損をするのであれば、お互いの関係は長続きしません。

「Ｗｉｎ－Ｗｉｎの関係」を築こうとするときに注意しなければいけないことは、両者が同時にＷｉｎを得るようなことは、アライアンス以外のケースでは非常に稀であるということです。

その場合、どちらが先に得をするかということが非常に重要になってきます。

先ほどお伝えしたとおり、多くの人が最初にＷｉｎを得たいと思っています。そこで、あなたはわざと最初のＷｉｎを相手にあげてほしいのです。つまり最初は「Ｗｉｎ－Ｌｏｓｅの関係」で、あなたが損をするということです。

そうすると、相手はあなたに借りがあるため、次回はそれを返そうとする意識が働きます。「自分だけが得をするわけにはいかない」「自分だけが得するのはフェアではない」と考えて、一方向的に与えられるだけの関係をよしとしない心理が働き、相手にも、「得を与える」「共に栄える」という選択を行なうようになります。

これを心理学では、「返報性の法則」と言います。

私は、本当は同時にお互いが利益を得る、「Ｗｉｎ－Ｗｉｎの関係」が理想だと考えています。しかし、それがむずかしいようならば、最初は「Ｗｉｎ－Ｌｏｓｅの関係」から始めてみるといいでしょう。そうして、「Ｗｉｎ－Ｌｏｓｅの関係」を何度か繰り返して、関係性を深めていく間に「Ｗｉｎ－Ｗｉｎの関係」になっていけばいいと考えています。

つまり、あなたが参加者との関係性を良好にするためには、まず相手のために負けてあげることで相手に得をさせて、貸しをつくるのが一番の近道なのです。

約束は確実に守り、信頼を獲得する

ビジネスを行なう上で信頼を獲得するには、**「相手との約束を確実に守る」**ことが不可欠です。約束を確実に守ることの積み重ねが、相手との強い信頼関係を築き上げるのです。

コンサルティングは、事前に仕事の成果を確実な形では示しにくいので、クライアントとの間に強い信頼関係がないと、何事も効率的に進みません。そこで私は、新規のクライアントから短期間のうちに信頼を獲得しなければならない場合には、意図的にたくさんの約束を取りつけます。

たとえば、「会社のコンサルティング計画を○月○日までに作成します」とか、「同業他社の調査資料を次回のコンサルティングの日までに用意しておきます」という感じで日時を明確に約束して、それらをすべて確実に実行するのです。

そうすると、かなりの確率でクライアントから信頼を獲得できます。ただ、約束を守れないと一気に信頼を失うので、安易に約束をしてはいけません。必ず**守れる約束をする**ことが重要です。

自分のビジネスについて見込み客を増やしたい場合は、小さなことでいいので、コミュニティの参加者に何か約束をして、それを確実に守ってください。すると、周囲からの自分の見え方やイメージが次第に変化して信頼を得られるようになり、問合せや相談が増えてくるでしょう。**約束を守ることは、自分の環境をよくする起爆剤になる**のでぜひ実行していただきたいものです。

コミュニティの参加者は、あなたのコミットメントした内容から、正直さ、誠実さを約束されていると考えています。そうした約束が破られると、即座に不信感が生まれ、あなたの信頼はすぐになくなってしまいます。約束違反は疑念や不信を生み、物事を進めるための足かせになるのです。

また、あなたと相手との一対一の約束だけでなく、広く多くの人と約束することも信頼を得るためひとつの方法です。

たとえば、コミュニティの中やSNSやブログ、ホームページ等の媒体を使って、自分の思いや目標をコミットメントするのです。コミットメントした内容を実行し、守ることができれば、それを見ている人たちに、自信や希望を与えることができて、信頼を獲得することができるでしょう。

このように「約束を確実に守る」ことによって、コミュニティのファンから、あなた個人のファンをつくっていっていただきたいのです。

6章

地域コンサルタントとしてクライアントから選ばれる方法

1 クライアントに安心と確信を与える9つの理由

①絶対に必要なのは誠実な人間性

見込み客から相談を受けて面談に至るまでには、信頼関係が必要不可欠なことはお伝えしましたが、それだけではコンサルタントとしては不充分です。信頼関係プラス「あなたに依頼すれば成果が出る！」という確信や安心感を持ってもらわないと、見込み客から選ばれることはむずかしいのです。そこでこの章では、クライアントに選ばれるための9つのポイントをお伝えしていきます。

クライアントから選ばれるために絶対に必要な要素は、「誠実な人間性」です。これは私が言うだけでなく、ビジネスの現場ではよく言われることです。それでは、「誠実」とはいったい何でしょうか？　私は、「相手に嘘をつかない」「誰に対しても公平に接する」「仕事に対して真面目に取り組む」「相手の気持ちを考えて行動することができる」といったことができる人だと考えています。

さまざまな考え方はあるようですが、私は自分が「誠実」かどうか考えるときの判断基準として、この質問を自分に投げかけます。それは、**「その言動に恥じるところはないか？」**

というものです。

質問に〝ＯＫ！〟なら「誠実」と判断し、〝ＮＯ〟なら「不誠実」としています。

「誠実な人間性」は、仕事を行なう上だけでなく、人生においても最も大切なものだと思います。人づき合いをするときの大前提条件と言ってもいいでしょう。あなたも不誠実な人とはつき合いたくないと思うでしょうし、私ももちろんつき合いたくありません。


私が面談中にクライアントに対して心がけている「誠実」さは、常に「三方よし」になっているかということです。私がクライアントに関わることで、「私」と「クライアント」はもちろん、「社会もしくは地域」にもメリットがあるかどうかを常に考えるようにしています。「私」が利益を得るために、「クライアント」が明らかに損をしている状況や、「私」と「クライアント」の両方にメリットがあったとしても、「社会もしくは地域」に何も還元していないようなビジネスではとてもいい仕事とは言えません。

ですから、しっかりクライアントの話を伺って、本当に私が「相手の役に立てる！」と判断できて、「相手の収益が好転させられる！」だけでなく、「地域のためにもなる」と確信したときは契約をおすすめし、そうでない場合は、あえて契約のことは口にしないようにしています。

そういう姿勢が、見込み客にも「誠実」だと感じていただけているのだと思います。ただ、本当に誠実であり続けることはむずかしいかもしれません。そんなときは、自分に問いかけてみてください。

「その言動に恥じるところはないか？」と。

②圧倒的な実績を出している

私は前項で、誠実であれば信頼を得られて、クライアントから選ばれる存在になれるとお伝えしました。しかし、ここでつけ加えたいことがあります。実は、「誠実」なだけではクライアントから選ばれる存在になるのはむずかしいということです。

私のような経営コンサルタントの場合を例に、考えてみましょう。

あなたは今まで勤めていた会社を辞めて起業するとします。そこで、開業相談のために経営コンサルタントに依頼しようと思いました。そして2人のコンサルタントと面談しました。

さて、あなたはどちらのコンサルタントに依頼しますか？

Aコンサルタント：誠実さの塊のような人で、地域の町内会長も務めている。あなたの話を最後まで聴き、絶対に嘘は言わない。顧問料も比較的安い。決して過剰なサービスをせず、金儲け主義のコンサルタントではない。しかし、能力に難があるのか、顧問契約をした40％のクライアントは倒産、もしくは廃業している。他のクライアントにも契約期間中に早々に契約を打ち切られることがあるようなコンサルタント。

Bコンサルタント：コンサルティングスキルは全国でもトップクラス。あらゆる業界において数多くの成功事例を持っている。どんな困難な経営状態でも活路を見出し、短期間で収益を好転させる。しかし性格は高圧的で、顧問料も高額な請求をされる。クライアントとはどうにかコミュニケーションをとるが、家族や友人との関係は決してうまくいっていないようなコンサルタント。

さて、あなたはどちらのコンサルタントを選択しますか。

いかがでしょうか。ビジネスの場においては「誠実」なだけでは、決して信頼に足るとは言えないと理解していただけたと思います。だとすると、「誠実」の他にどういった要素が必要なのでしょうか。

私は、ビジネスにおいては、**「誠実」＋「能力」＝「信頼」**だと考えています。つまり、誠実さと実務能力が揃わなければ信頼されないのです。

実務能力を証明するには、実績で示すことが非常に重要です。圧倒的な実績があれば、ビジネスの場においては「誠実」さをさほど感じさせなくても、依頼がくることがあると思います。

私の場合は、自身の会社経営での成果を最初の実績として、クライアントにお伝えしていました。あなたもあなた自身の実績を伝えてみてください。あなたはそんなに大したことのない実績だと思っていても、嘘のない範囲で表現を変えてみるなどの工夫をすれば、多くの場合はすごくよく見えるのです。

私の場合は、最初は「会社設立1年目で4億円以上売り上げたこと」を実績として、クライアントの獲得に使っていました。年商が億を超えていることで数字にインパクトがあり、その実績でいくつか顧問契約をいただきました。

私の会社はカー用品の卸事業をしていました。卸業者であれば、基本年商の億超えは当たり前なのです。ですが、数字の見せ方によって圧倒的な実績だと思わせることができたのです。「見せ方」は「魅せ方」です。嘘はいけませんが、少しの実績でもそれを工夫した表現で、クライアントに提示してみてください。そうすれば、絶対に反応が変わってくるはずです。

圧倒的は実績を持ったコンサルタントで、しかも誠実であれば、信頼されるに決まっています。

③コンサルティングをするのにふさわしい資格を持っている

コンサルタントとして誠実さと実績があって、きちんと面談すれば、ほとんどの場合、コンサルティング契約に至ると思います。しかし、さらにクライアントから安心感を持ってもらうには、民間資格でも何か資格を持っているほうがいいでしょう。

これはコンサルタント仲間の間でもよく出る話題なのですが、そもそもコンサルタントとして、何か資格は必要でしょうか？

現実的な話をすれば、コンサルタントを名乗るのに資格は必要ありません。しかし、企業の経営課題に解決策を提案したり、個人的に困っていることを解決する方法を提案するには専門的な知識が必要です。そういった実務能力は必須と言えます。

資格の有無にかかわらず、実務能力は必要なのです。圧倒的な実績で自己の能力をアピールすることもひとつの方法ですが、クライアントからすれば、**あなたの能力を客観的に評価できる材料が必要である**こともうなずけます。

たとえば、ものすごくおいしいステーキ屋さんがあったとして、「当店の肉は日本でもトップクラスのおいしい肉です」と店主が言っているとします。たしかに、食べたらおいしいかもしれませんが、それを客観的に証明できないと、トップクラスと言っても何を基準にしているのかわかりません。

ですから、牛肉には産地や等級を表わす証明書があり、素材にこだわるステーキ屋さんの店頭には、この証明書が飾ってあります。これがあると、店主の言うトップクラスの肉がどの程度の肉なのか、お客様が客観的に判断できるのです。

これと同じようにと言うと少し語弊があるかもしれませんが、コンサルタントの能力を客観的に保証する第三者機関の資格があれば、クライアントはより安心します。

たとえば、会計・財務に関するコンサルティングを頼むのなら、まったく資格を持っていない人よりは、関連する資格と実務経験のある人に頼みたくなるはずです。

私は、公的な資格は持っていませんが、日本コンサルタント協会に所属しています。そして、この協会の最上位タイトルである「マスタービジネスコンサルタント」として認定されています。これは、100名程度の登録コンサルタントの中から、とくに抜きん出た実績を出していると協会が認めたコンサルタントを認定するもので、2015年3月現在、全国で3名認定されています。

また、ドリームゲートという経済産業省が後援している起業家支援の組織があるのですが、私はここにも登録して起業家支援をしていました。そこにも「ドリームゲートアドバイザーグランプリ」という、1年間を通じて支援した起業家の数や満足度を集計して表彰する制度があるのですが、そこでは、2011年ドリームゲートアドバイザーグランプリ中国／四国エリア第1位となり、表彰されました。

このような第三者機関の評価を示すことで、客観的なあなたの実績をクライアントに伝えることができます。

④国や地域の公共団体に専門家として登録している

地方のコンサルタントが、クライアントの信用を得るためには、第三者の評価があれば有利です。しかし、実績によっての第三者評価が得られない場合は、**地域の公共団体に専門家として登録する**ことをおすすめします。

地域の公共団体とは、商工会や産業振興機構などの、地域の企業や商店街を支援している団体です。そういった地域公共団体には、専門家として登録できる制度があります。私の地元の岡山県で言えば、「岡山県商工会連合会」とか「岡山県産業振興財団」などが該当します。私自身も、両方の団体の登録専門家です。

このような団体では、専門家としての知識がしっかりあれば、たとえわずかな経験や実績でも登録できる可能性が高いのです。団体に専門家登録ができれば、「岡山県産業振興財団登録専門家」という表記を名刺等にも記載できるので、第三者的な評価として見込み客にもしっかりとアピールできます。

このような公共団体に登録するメリットはまだ他にもあります。

それは、団体とうまくつき合うことで、「見込み客を紹介してもらえる可能性が高い」ということです。なぜかと言うと、このような団体の活動は、地域経済の活性化を目的としています。つまり、地域の中小企業の発展のために存在する団体なのです。

ですから、こういった団体のほとんどは、中小企業の経営者にさまざまな支援策を持ちかけたり、逆に企業側から相談を受けたりと、意外と深いつき合いをしています。ですから、団体の担当者と親しくなれば、現在問題を抱えている見込み客になりそうな企業に、専門家として紹介してもらえることもよくあります。これは、私のような地方で活動しているコンサルタントには非常にありがたいことです。

また、このような団体に登録していると、少し条件はついたりしますが、「専門家派遣」という制度があり、団体がクライアント先へのコンサルタントフィーの全額、もしくは一部を負担してくれて、コンサルティングを受けやすい環境づくりをしてくれているところもあります。

公共団体に登録するメリットはまだあります。それは、専門家同士の交流があることです。公共団体は年に数回、専門家同士の交流会を開催します。こうした会に参加すると、さまざまな分野の専門家とつながりを持つことができます。あなたと違う分野の専門家とつながると、ちょっとしたことなら教えてもらえることもあるので、あなたのクライアントの問題解決の可能性も高まります。

また、場合によっては分野の違う専門家の方から、クライアントを紹介していただけることもあります。もちろんその逆もあります。このようなことから、分野の違う専門家とパートナーという関係になれることもあるのです。

そういった観点からも、地方で活動するコンサルタントのみなさんには、絶対に公共団体に専門家として登録していただきたいと思います。

⑤地域の有名企業や団体の講師または指導の実績がある

クライアントに安心感を与える方法として資格を取得したり、公共機関に専門家登録することをお伝えしました。しかし、私の経験上、見込み客に響くのはやはり実績です。それも地域の有名企業や有名な団体での講演会やセミナーの講師だったり、コンサルティングの実績があれば、強力なアピールポイントとなります。

しかし、そうは言っても最初から有名企業や団体からの依頼など期待できません。私が、地元の有名企業から講演依頼を受けるために行なったことは3つありました。

ひとつは、本書のメインテーマであるコミュニティの中から依頼をいただくことです。実際にコミュニティを運営していると、さまざまな人からいろいろな話を聞くことができます。

そんな話の中から、講演会やセミナー講師の依頼に発展することは意外に多いのです。私の場合は、相手の企業としてもいきなりコンサルティング契約をするのは躊躇したのか、私の能力を試すためだと思いますが、会社内でのセミナー講師を依頼されたケースがありました。

自分のコミュニティで信頼を構築していると、少しアピールするだけでさまざまな企業から依頼を受けることができます。

2つ目は、前項でお伝えしたように、**地元の商工会や公共団体に専門家として登録すること**です。たとえば商工会に登録して、担当者にうまくアピールすることで、その商工会の主催するセミナー講師として登壇することは比較的簡単にできます。

これは、地方であればあるほど効果的です。商工会主催のセミナーは文字どおり、その地区の商工店主の集まったセミナーです。あまりセミナーに行かない人でも、商工会のセミナーなら参加するという人はたくさんいるので、ふだん会えない見込み客にアピールすることができます。

それにより、セミナーに参加した人がそのままクライアントになることもあるし、いきなりそこまでいかなくても無料相談に進むことも多くあります。

3つめは、**ホームページやブログ、フェイスブックなどのネットをうまく活用する**ことです。私の場合はすべて使っていますが、全部は無理という人は最低限、自分のホームページを作成して内容を充実させることをおすすめします。理由は、ホームページの内容を濃いものにしていると、まったく知らない見込み客から連絡がくるケースがあるからです。

これは、前の2つの方法では出会えなかったクライアントにアプローチできるということです。ホームページから連絡をくれる人は、サイトの内容をくまなくチェックしたうえで連絡をくれるため、面談すれば契約に結びつく可能性は非常に高いものです。

また、ホームページにはブログの機能を持たせることをおすすめします。ブロクの機能をつけることで、ホームページの更新が簡単にできるので、活きたホームページになり、検索エンジンにも認識されやすくなります。

フェイスブックやTwitterに代表されるSNSは、日々の情報発信ツールとして、できればやったほうがいいツールです。投稿内容は、仕事が80%でプライベートが20%くらいがベストバランスだと思います。フェイスブックもうまく活用していると、直接問合せがくるので非常に有効なツールです。

私は、この3つの方法で、地元の商店街や大手企業主催のセミナーにお招きいただいたり、コンサルティングの依頼をいただいています。

そして、セミナーやコンサルティングの依頼が入ったら守秘義務がある場合を除き、即座にこの3つの方法で実績を周知させていくのです。

⑥地域の情報誌や会報に専門家として登場する

クライアントの信頼を得る間接的かつ非常に効果の高いやり方に、**地域の情報誌に専門家として掲載してもらう**ことがあります。雑誌に専門家として登場するのは、少しハードルが高いかもしれませんが、積極的にチャレンジしていただきたいものです。

私の場合、コンサルタントしてのスキルもありますが、コーチングの技術も身につけています。そこで、中学生の子どもを持つ親御さんをターゲットにしているフリーペーパーに、親から子どもに向けてのコーチングのスキルをお伝えするコラムを毎号執筆させていただいています。

フリーペーパーへの執筆ですから、原稿料は期待できません。しかし、私はこれもひとつの社会貢献だと考えて、地域のみなさんにコーチングを覚えていただいて、やる気のある子どもを育てていただきたいという思いで書いています。

毎号1ページコラムを掲載して、執筆者紹介の欄で私のことや会社名も掲載しているので、コストが一切かからず宣伝をしていると考えれば、原稿料が出ないとしてもやるべきでしょう。

また、見込み客への最初のアプローチのときに雑誌をさりげなく差し出せば、一目置かれて信頼を構築するのに非常に有効です。

地域の情報誌へのアプローチの仕方としては、知り合いがいるのであれば紹介してもらうという方法が一番いいのですが、そうでない場合は、狙っている雑誌社の担当者を調べることから始めなくてはなりません。

ただ、地方の情報誌は記事のネタを細かく探している場合が多く、電話やメールで問合せをすれば意外に答えてくれるところもあるので、粘り強くさまざまな情報誌にアプローチしていただきたいものです。

地域の情報誌とは別に、**企業が発行している会報誌やニュースレターに登場する**のも効果的です。企業が発行する会報誌は、企業と顧客をつなぐ大切なツールなので会社もかなり力を入れています。

私の場合は、会報誌で「顧客満足を実現する専門家」として、「顧客満足道」について年6回にわたってコラムを書かせていただいています。これは企業のメディアに登場するということで、雑誌ほどの波及力はありませんが、信頼感は充分にアピールできます。

企業のメディアに掲載していただくのは非常にむずかしいかもしれませんが、それこそコミュニティの中にニュースレターをお客様に向けて出している人がいたら、「ワンコーナー持たせてください!」と頼んでみるのもいいでしょう。

逆に、あなたがニュースレターを出しているなら、お互いが少しずつでも相手のニュースレターに登場するだけでも効果はあるでしょう。

⑦地域のメディア(テレビ・ラジオ)に出演する

クライアントに安心感を与える方法は、突き詰めていけばブランディングに通じます。当然、ブランディングができれば、クライアントに安心感を与えるといったレベルではなく、「あなたにコンサルティングしてほしい!!」といった指名が入るようになります。

そうなれば、クライアントのほうから指名されているので、顧問契約の確率も高まります

◉私のコラム「顧客満足道」

18　2013/12/16 mon.　TEIKOKU NEWS 岡山県版　第三種郵便物認可

21世紀のマーケティング

顧客ロイヤルティ経営（第1回）

株式会社インスタイル 赤松範胤

「顧客ロイヤルティ経営」で「利益ある成長」を目指す!!

近年、多くの企業が「顧客との関係性」に焦点を当てるようになり、顧客ロイヤルティ経営を試みています。それはインターネット環境が整備され、商品について品質、価格等の必要な情報をほぼ完全に顧客が知り得る世界では「顧客」に焦点を当てていないと顧客から選ばれる事が難しいからです。

とはいえ、ひょっとしたら、経営者たちの中には疑問に思っている人もいるかもしれません。「なぜロイヤルティ（忠誠度）の高い顧客を創らなければならないのだろうか？」この問題の答えが明確になっていないと、テクニックや制度だけ顧客ロイヤルティ経営を真似してみても、上辺だけの「顧客満足主義」を実践する事になり、真の「顧客ロイヤルティ経営」とは全く違った結果が出る事になります。

改めて問います。

「なぜロイヤルティ（忠誠度）の高い顧客を創らなければならないのでしょうか？」それは、ロイヤルティの高いお客様は何度も自社製品（サービス）を購入してくれ、そのうえ友人・知人に宣伝し紹介をしてくれるので集客にかかる費用が抑えられ、価格にそれほど敏感に反応しないからです。

さて、あなたの会社には顧客ロイヤルティの高いお客様は何人いらっしゃいますか？

昨年4回にわたり、「顧客ロイヤルティ経営」の概要についてお伝えさせて頂きました。簡単におさらいをいたしますと、「顧客ロイヤルティ経営」の抑えるべきポイントはたった2つ、**「顧客志向」**と**「従業員のモチベーションアップ」**です。

この2つを確実に経営に取り入れていただければ必ずロイヤルティの高い顧客は創れます。逆に、この2つのポイントを外してしまうと、顧客のロイヤルティはいつまでたっても上がらないと言う事になります。

現在、多くの企業は「お客様第一」や「顧客満足」というスローガンを掲げています。私も決して「顧客満足」を目指していない企業があるとは思っていません。ただ、売上目標やコストカット等、短期的な利益に意識を向けなければいけない現状があり、その結果、気がつけばお客様や従業員に有益にならない意思決定を行ってしまう企業が多いのです。

このコラムは、実践をしているけれども、いまひとつ上手くいっていないというような経営者さま向けに、もう少し踏み込んでどのように「顧客ロイヤルティ経営」を実践していけばよいのかをお伝えしていこうと思います。

これから、益々景気は右肩下がりの傾向が強くなってきます。こんな時代だからこそ「顧客ロイヤルティ」を高める経営を行って、長期的かつ継続的な顧客と利益の確保を目指して頂きたいです。

帝国ニュース　（2013年12月16日号より）

し、何よりコンサルティング料金を適正価格でもらえるようになります。しかし、そうなるためには、あなたもちょっとしたカリスマ的要素を持つ必要があります。

そんなときに効果的なのが、地域のメディアに出演することです。これができると、飛躍的に信頼度がアップします。

地域情報誌に登場することは、文章が苦手な人にはむずかしい面もあるでしょうが、メディアに出演するのは、比較的簡単にできるのではないでしょうか。

地方のメディアの中で私がおすすめするのは、**地域のＦＭラジオとケーブルテレビ**です。なぜ、この2つがおすすめかと言うと、マスメディアの中では比較的出演しやすいからです。

ＦＭラジオは地域密着型の放送ですから、地元でビジネスをしていると比較的声がかかりやすいのです。うまくアピールすればゲスト出演することも夢ではありません。ただ、店舗を実際に出していて物販やサービスを行なっているほうが出やすい傾向はあるようです。

私は現在、「ＦＭくらしき」のラジオ番組で、月1回ですが1コーナーをナポレオンヒルズという4人の仲間と担当しています。これは、ハッキリ言うと自分でお金を出して出演しています。簡単に言うと地域のＦＭラジオ番組のスポンサーをやり、かつ自分で出演しているのです。

地域のＦＭの場合は比較的スポンサー料も安いし、一緒に出演してくれる仲間と分割すれ

◉ FMラジオでの収録風景

ば、そんなに無理せずにラジオ番組に出演することは可能です。私自身、すでに3年目に入っていますが、ラジオに毎月出演しているということで、見込み客の私を見る目が変わるのは事実です。

それくらい、地方においてはマスメディアに出演するということは、すごいことのように思ってもらえるのです。

ケーブルテレビも当然、ブランディングに使えます。ラジオは音声だけですが、テレビは映像です。やはり訴求力という観点から言うと、映像のほうがはるかに効果的です。ただ、映像なのでごまかしがききませんから、あたふたして逆のブランディングにならないように、充分リハーサルを行なって本番を迎えてほしいものです。
ラジオもテレビも、出演することによるメリットもありますが、出演したときの音声や映像をあなたのホームページに掲載して、リンクを張れるような「2次使用の許可」がもらえれば、ブランディングを行なうときの非常に大きな武器になります。ある意味、こちらのほうがブランディングの観点からすると、重要になってくると思います。

このような地域のマスメディアに出演することで、あなたのブランディングは急速に進みます。そうすれば、クライアントはあなたに信頼感と尊敬の念を持ち、コンサルティングを依頼することに優越感すら持つようになってくるのです。

⑧業界の権威者から推薦してもらう

クライアントから安心して依頼される8つ目の理由は、ズバリ業界の権威者から推薦してもらうことです。

心理学の分野で使われる用語に「ハロー効果」というものがあります。「ハロー効果」とは、人物や物事を評価するとき、プラス、あるいはマイナスの特徴があると、その他の評価要因に対してもプラスやマイナスの影響を与えてしまうことを言います。後光効果とも言います。

「ハロー効果」を最大限効果的に利用しているのが、企業などが行なうコマーシャルです。有名人やタレントなどを起用することで、その商品をまだ使ったことがない消費者によいイメージを植えつけて、購買意欲を高めることが目的です。

この「ハロー効果」を効果的に利用することで、個人でもブランディングを構築することができます。それは、あなたが**ブランディングしようとする分野に沿った権威者や有名人からの推薦をもらう**ことです。

たとえば、知名度も実績も、権威もない無名のあなたがコンサルティングをすすめても、ほとんどの場合、契約は取れません。またインターネット上でも、優れたコンテンツを公開していたとしても、無名のあなたの発信した情報など誰も率先して見てくれません。

そこで、コンサルティングサービスを販売したい場合、チラシやホームページなどの販促ツールに、世間に広く認知された有名人や権威者から推薦文をもらうと、それによってコンサルティングの内容が信頼され、売れるサービスになります。そして、有名人から推薦を受けたコンサルティングというだけで、他のコンサルタントとの差別化ができて、いきなり選ばれる存在に成長するのです。

有名人からの推薦の最もいいところは、見込み客の安心と信頼を勝ち取るために時間や労力のかかる手法が多い中、圧倒的に即効性のある手法だということです。

地域のコンサルタントにとって、より短期間に信用度を高めることは非常に重要です。いかに短期間に信用度と認知度を高め、見込み客に支持される、「選ばれる理由」をつくり出すかがブランディングの肝となります。

ただし、有名人や業界に影響をもたらす方からの推薦はそう簡単にもらえるものではありません。まずは、自分が学んだ講座の先生や同期の参加者あたりにお願いしてみるのが一番早いでしょう。

また、クライアントの中に著名人がいる場合は、その人にお願いすることは、有名人であり愛用者でもあるので非常に効果的です。

⑨ビジネス書を出版する

コンサルタントであれば、あなたも自分の著書を出版することをおすすめします。

私が本の出版をすすめる最大の理由は、**自著によってあなたのブランディングができる**からです。

しかし、多くの人は、出版そのものについて誤解しています。

「本は、地道に経験を積み重ね、ビジネスが成功して、人生の晩年になってから半生記のようなものとして出版するもの」と思っている人が多いのです。もし、あなたもそのように考えているとしたら、むしろ真逆だと言えます。

現在、ブランドの構築に成功している人の中にも、「出版がきっかけで仕事が増えた！」とか、「業界のある分野でポジションを獲得できた！」という人は数多くいます。

私も、実際に「岡山ビジネス書出版会議」を立ち上げた立場から、同じような例をたくさん見てきました。ごく普通の経営者や営業マンだった人が、出版を境に講演依頼やお客様が殺到し、一気にビジネスが好転していくのです。

「自著を出版する」ことは、現在のあなたのステージをワンランク、アップさせることになるかもしれません。ひょっとしたら、今のあなたが発する言葉には、多くの人は関心がないのかもしれません。しかし、著書を持ったあなたが、数ヶ月後に同じ言葉を発したとき、周囲の注目度は格段に増し、人々に与える影響力は、比較にならないくらい大きくなっていることでしょう。

出版における最重要ポイントは、あなたが変わるのではなく、「周囲が変わっていく」ということなのです。あなたが、望む、望まないにかかわらず、「その道の専門家、その業界のプロフェッショナル」という価値の高い存在として、周りの人が扱うようになるのです。

たとえばあなたが、友人や家族に「ビジネス書を出版することになった」と伝えたとしたら、どのような反応が返ってくるか、一度聞いてみてください。

その反応がそのまま、世間から見たあなたのイメージになるのです。

「ビジネス書を出すくらいの人なら、すばらしいノウハウを持っているはずだ」

「自分の本を出版している人なので、すごい人に違いない」

「本まで出している人だから信用できるはずだ」

このようなイメージは、ビジネスにおいてクライアントに安心と確信を与える強力な決定材料になります。


さらに、本を書くことの2つ目のメリットに、**「ノウハウの体系化ができる」**ことがあります。ビジネス書のページ数は200ページ前後ありますから、膨大な文章にまとめていくと、「あれ、ノウハウのつじつまが合わないな」とか、「書いていることが理論的に矛盾しているな」というところが出てきたりします。

私の場合、理論的には、ある程度まとまっていると考えていたものでも、文章に落とそうとすると、とたんに書けなくなってしまう項目が出てきたりしました。

私たちの頭の中は、意外に曖昧さを許してくれていて、ふだんは何となくそれでやり過ごしていますが、文章としてアウトプットしようとすると、完全に理解できていないと書けないのです。

ですから、200ページにもわたって文章を書くことによって、頭の中に入っていた曖昧な考え方が、すべて体系化されていくのです。

このような観点から私は、「クライアントに安心と確信を与える9つの理由」の最後に、最も効果が期待できるビジネス書の出版をおすすめさせていただくのです。

2 顧問契約につなげる面談術

クライアントの真の問題を引き出す

この本の読者の中には、スポットコンサルティングや単発のコンサルティングは取れるけれど、長期的な顧問契約が取れないとお悩みの方がいるかもしれません。

私も、以前は見込み客と面談して、2~3回の単発のコンサルティング契約は取れるものの、長期的な顧問契約がなかなか取れずに悩んだ時期がありました。そこで、なぜ顧問契約に至らないのかを真剣に考えた結果、ひとつの結論に達しました。私は、見込み客との面談の中で、「クライアントの真の問題」を見抜けていなかったのです。

たとえば、あなたが頭痛で病院に行ったときに、頭痛を治すことはもちろんですが、頭痛の原因を突き止めなければ、根本的な解決にはなりません。頭痛の原因は、肩こりからくるものかもしれないし、デスクワークのやり過ぎで目が疲れているのかもしれません。ひょっとしたら、風邪気味だからということも考えられます。

そんな、いくつかの原因の中から、本当の原因を導き出して根本から解決することができるのが優れた医者なのです。逆に、それができなければ、いくら医者の免許を持っていてもヤブ医者として患者から選ばれることはなくなります。

私は、コンサルタントもこれとまったく同じだと思うのです。クライアントの真の問題を発見して解決することができなければ、クライアントに成果を出させることは不可能だし、成果の出せないコンサルタントは、リピートや長期的な顧問契約を獲得することはできないのです。

私自身も、「クライアントの真の問題」を引き出す3つの方法を身につけることによって、顧問契約が獲得できるようになったので、それをお伝えします。

まずひとつ目は、**クライアントの話を最後まで聴く**ということです。

コンサルタントの中には、クライアントの話が途切れると間髪入れずに答えを話し出す人がいます。それでは、クライアントの真の問題にたどりつくことはできません。

とくに、クライアントとの初回の面談時には、自分が話そうと思わずに、徹底的に話を聴こうという意識で、面談に臨む必要があります。そして、クライアントがひとしきり話し終わった後で、あなたの意見を話し始めるのです。そうすることで、思慮深くよく考えてアドバイスをしてくれている、といった印象を与えることにもつながります。

まずは、最後まで話を聴くことを肝に銘じてください。

2つ目は、**質問は簡潔に！** です。

クライアントの話をさらに本質に近づけるには、いいタイミングで質問してあげることです。しかも、その質問は簡潔でなければいけません。

私がしている質問は、「たとえば、どんなものですか？」「具体的に言えば、どんなことですか？」「わかりやすく言うと、どういうことですか？」「他にはありますか？」「なぜ、そう思うのですか？」……このような感じです。

このような質問をすることで、クライアントの問題がより具体的になっていくのです。

3つ目は、**ステータスを上げる**ことです。

ステータスとは、地位とか身分という意味を思い浮かべる人が多いと思いますが、状況、情勢といった意味もあります。簡単に言うと、あなたがクライアントからどのように見られているかということです。

たとえば、学生時代を思い浮かべてください。先生にも、「生徒が言うことを聴く先生」と「生徒からなめられている先生」の2つのパターンの先生がいませんでしたか？

この違いがステータスの高さの違いです。勘違いしないでいただきたいのは、ステータスを高く持つということは、偉そうにするということとは違います。

私は、クライアントとの関係は対等だと思いますし、謙虚な姿勢は当然持つべきです。ただ、コンサルタントも先生業なので、**クライアントから尊敬されるようにする**ということです。そうすることで、結果的にクライアントの真の問題を引き出すことができるのです。

コンサルティングメニューは期間と金額を明確にする

地方に限らず、中小企業の経営者は、ほとんどコンサルティングというものを受けたことがありません。当社に初回面談にくる人も、ほとんどが初めてコンサルティングを受ける人です。

そんな人は当然、「コンサルティングとはどんなものか?」「コンサルタントが何をしてくれるのか?」、さらに「コンサルフィーはいくらなのか?」と、さまざまなことが気になります。

これは、私たちコンサルタントにも責任があると思います。

なぜなら、多くのコンサルタントのホームページを見てみると、大手のコンサルティングファームを除き、サポート内容と料金体系を「○○円〜」と曖昧に記載しています。

これは、クライアントの抱えている問題の大きさとコンサルタントの関わる時間と労力によって個別に決定するためだと思われますが、一部のコンサルタントの中には、「クライアントを値踏みして、支払える金額を目いっぱい提示する」というような志の低い人もいるようです。

このような状態なので、コンサルタントの業界は玉石混淆と言われ、多くの経営者が「コンサルタントに依頼すると騙される！」というような誤った認識を持つのです。

ですから私の場合は、スポットコンサルティング（2時間単位）、起業家のための新規事業サポート（6ヶ月）、経営者のための事業戦略サポート（1年間）といったメニューをつくり、金額と期間と内容を明確にし、事務所の目につくところに掲示しています。

もちろん、当社のホームページにもしっかり記載しています。そうすることでクライアントの不信感をひとつ取り除くことができるのです。もしあなたが料金や期間、サポート内容を明確にしていないなら、今すぐコンサルティングメニューを作成し、クライアントとの面談時に嫌でも目につくようにしておいてください。

また、以前面談した中で「コンサルタントになりたいのですが、コンサルティングフィーの価格設定の仕方がわからない」という質問を受けたことがありました。そこで、コンサルタントに限らず、士業、セラピスト、カウンセラーといったサービス業の方に、「なぜ、この価格でビジネスをしているのですか？」という質問をしたことがあります。

すると多くの方から、「この地域の相場はだいたいこの程度」とか、「何となくこれくらいが妥当かな……」といった答えが返ってきました。

たしかに、価格のつけ方は人それぞれで正解はありませんから、別にそれでもいいのかもしれませんが、私は、**価格にはしっかりとした、自分なりの根拠が必要**だと考えています。

なぜなら、クライアントから「コンサルティングを受けたいけど、ちょっと高いので安くなりませんか?」と値引き交渉されたときに、その価格の根拠をクライアントに説明できないと、あっさりと値引きに応じざるを得ないことになりかねません。

私はコンサルタントたるもの、ビジネスにおけるすべてのことに意味づけをして、問われれば理路整然と説明できるようになっているべきだと考えています。

ですから、ビジネスにおいて利益を左右する「価格」については最低限、なぜこの値段なのかくらいは説明できるようにしておいていただきたいのです。

精神的なメリットと物理的なメリットを両方同時に提案する

クライアントとの面談でのクライマックスは、何と言ってもクロージングです。クロージングが成功すれば、晴れて顧問契約ということになります。

ですから、当然ながらクロージングのスキルは最も重要なスキルと言えます。

しかし、考えてみてください、ここまであなたはコンサルタントしてコミュニティをつくり、見込み客から初回面談を依頼されるほど信頼されるようになっているのです。さらに、クライアントの真の問題も引き出していて、それをあなたのスキルで解決できるならば、それを正しく伝えて顧問契約を提案すればいいのです。

ただ、この最終局面でクライアントの要望をすべて満たすことができずに、契約が保留になるケースもあります。

たとえば、問題を解決するのに3つの手段が必要な場合に、予算的に2つの手段しか取ることができないようなケースです。つまり、クライアントの要望をすべて満たそうとすると、予算をオーバーしてしまうのです。このときにとるべき方法は、通常3つしかありません。

①あなたが、クライアントの予算に合わせて3つの要望をすべて満たす
②クライアントの予算内でできる2つの要望で妥協する
③両方が少しずつ妥協して、多少予算をオーバーしても3つの要望をすべて満たす

ほとんどの場合、この3択からどうするかを決めることになります。

私の経験上、最も悪い選択は①です。なぜなら、①を選択した瞬間に、あなたはクライアントに、「無理を言っても何とか聞き入れてくれる、都合のいい業者」だと思われてしまう可能性が高いからです。最初にクライアントにそんなふうに思われてしまうと、後々あれこれ契約にないことも依頼されて、非常に苦労することになる可能性が高いのです。

では、②と③のどちらの選択がいいでしょうか?

おそらく多くの人は、③を選択すると思います。たしかに、本当に少しの妥協（たとえば、金額の端数切り程度）で契約できるのであれば、それでもいいかもしれませんが、あなたが提案した内容は、あなたが一所懸命に考えた、クライアントの真の問題を解決する最善の方法であるはずです。つまり、クライアントの要望について充分意識し、真剣に考えて提案をしているはずです。ですから、これ以上の妥協は基本的にはないはずです。

最後に残された選択肢は②です。②を選択する場合は、要望をすべて満たすことはできないので、それにまつわるメリットとデメリットの説明をしっかり行なって、クライアントに納得してもらわないと、クレームになる可能性があります。本当に納得してもらうことができれば、②が最もよい選択と言えるかもしれません。

しかし、私はまったく違う、第4の選択肢を選択してほしいのです。第4の選択肢とは、きちんと予算を増額してもらい、すべての要望を満たすという選択肢です。

そのためには、クライアントに提案するときに物理的なメリットはもちろんですが、同時に**精神的なメリットも提案する**必要があるのです。

物理的なメリットとは、商品やサービスの実質的な内容を指します。たとえば、栄養ドリンクであれば、「タウリン1000mg配合」や「レモン○個分のビタミンC配合」といったような商品の成分や「モンドセレクション金賞受賞」などの目に見える他者評価です。サービスの場合ならば、「年中無休」とか「○○資格取得」といった、顧客が客観的に評価できる基準です。

精神的なメリットとは、物理的なメリットがあることで顧客にどのようなメリットがあるのかを明確にし（これを、機能的メリットと私は言っています）、それゆえに、顧客にどのような感情を与えるのかという感情的な価値です。

たとえば、ある栄養ドリンクは、物理的メリットが「タウリン1000mg配合」と言っています。だとするならば、機能的メリットは「肝機能の働きをよくし疲労を回復する」となります。ゆえに精神的メリットは、「疲れたときに飲むと元気になるので、いざというときに頼りになる」といった感じです。

ですから、この栄養ドリンクをすすめるなら、「タウリン1000mg配合」と伝えるだけでは薬品の知識のない顧客にとっては不充分です。そこで、「タウリンは肝機能をよくする働きがあり、疲労回復効果が期待できます。○○さんが疲れているのに、どうしても仕事を休めないときなんか頼りになる存在ですよ」といった感じですすめる必要があるのです。

そうすると、顧客の知識（頭）と意識（心）の両方に訴えかけるので、私の場合は、契約をもらえることが多くなりました。

クロージングのときには精神的なメリットと物理的なメリットの両方を同時に提案してみてください。

クライアントはパートナーだと思い、寄り添う

コンサルティングにおいて大きな成果を実現するためには、提供するコンテンツの質だけではなく、適切なコンサルティング・プロセスを踏むことが重要です。

そのためには、これまで以上にあなたとクライアントとの信頼関係が必要になります。多くのクライアントは、コンサルタントとの**信頼関係がコンサルティングの成否に多大な影響を及ぼす**と感じています。コンサルティングが成功した場合のみならず、失敗した場合でも、クライアントは信頼関係が影響していると思っているのです。

ですから、あなたはこれまで以上にクライアントから信頼される必要があります。

では、クライアントとの信頼関係は、どのようにすれば生まれるのでしょうか？

顧問契約を結ぶまでは、あなたの人間性や過去の実績やメディアや第三者評価等の情報で信頼関係を構築するとお伝えしてきました。しかし、コンサルティングを開始すると、あなたの仕事への取り組み姿勢の他、実際に短期の成果が現われて見通しが立つことが、信頼の構築に影響を与えます。

そして、一貫性を保つことも重要です。あなたが契約前に言っていたことと実際にコンサルティングを開始してからの発言や行動に矛盾があると、一気に信頼関係は崩れていきます。

さらに、どうしても実行してほしいのが、**あなた自身がコンサルタント以外のビジネスを行なう**ことです。ビジネスを行なえば、実戦感覚を身につけることができます。

セミナー講師の仕事がメインになると、実戦感覚がなくなり、机上の空論を言ったり、自分が実行したことのないアドバイスをしてしまうかもしれません。私は、常に仕事の何割かは、コンサルタント以外のビジネスをしていることが重要だと考えています。これは、「痛みを知る」ということでもあります。

理論だけのコンサルタントは、ともすると「現場の痛み」を忘れてしまいます。現場での成果を体系化して理論をつくり出し、それをさらに検証するという仕組みができると、コンサルタントとしての能力はますます高まり、クラインアントからの信頼はさらに厚くなります。

このようにして新たな信頼関係が築けたなら、後は誠心誠意、クライアントを対等なパートナーだと思い、寄り添ってください。コンサルティングを行なう上で、上下関係は必要ありません。コンサルタントが上でも、クライアントが上でもなく対等な関係で接するのです。

対等なパートナーとは、あなたもクライアントを信頼して、クライアントの目標達成のために、クライアントのしもべになるということです。

クライアントがコンサルタントを信頼することが成果に影響を与えるということはお伝えしましたが、逆にコンサルタントがクライアントを信頼しているかどうかも、コンサルティングの成果に大きな影響を与えるのです。

コンサルタントとクライアントが、お互いの信頼関係をうまく構築し、コンサルティングを通じて高め合っていけるような関係性を築くことができれば、長期的に顧問契約をいただけるコンサルタントになれます。

あなたも、地域Ｎｏ．１コンサルタントを目指してがんばってください。

私は、あなたのコンサルタントとしての成功を信じています!!

あとがき

実践なき戦略は無力。戦略なき実践は無謀

本書を手に取っていただきまして、誠にありがとうございます。

地方で活躍を目指すあなたに、この本を手に取ってもらったことを本当にうれしく思います。コンサルタントという仕事は、他人の成功のお手伝いをするわけですから、自分自身のビジネスを成功させることの何倍も責任重大でむずかしいことだと思います。

ですが、クライアントが成功したときは、自分のビジネスが成功したときの何十倍もうれしく感じます。ただ、地方のコンサルタントがクライアントを獲得するのは、簡単なことではありません。そんな地方の士業、コンサルタント、カウンセラー、コーチの方に私の経験がお役に立てばと思い、この本を書かせていただきました。

本書に書いてあることは、すべて私の経験に基づくものであり、机上の空論は一切ありません。また本書のメインテーマである、「あなたのコミュニティをつくる」ということはビジネスだけでなく、人生においてかけがえのない財産になると確信していることなので、ぜひ挑戦していただきたいと思います。

「実践なき戦略は無力。戦略なき実践は無謀」

これは、私のビジネスにおける根本的な考え方です。いくら上質な情報を得てすばらしい戦略（計画）を立てたとしても、その戦略を行動に移さなければ何の意味もないし、逆に何の考えも持たず、取りあえず行き当たりばったりでやってみるというのは無謀です。多くの人は、行動を続けていればいつか成功できると思っているようですが、日の出を見たいときに西に向かって進んでいたら、どんなに努力しても永遠に日の出は見られません。

それと同じで、せっかくこの本を読んでいただいても、行動に移さなければ何の意味もないということになります。ですから、あなたには、どのようなコミュニティをつくりたいのかを考え、コミュニティを大きくしていく戦略（計画）を立てていただき、実際に戦略どおりコミュニティをつくっていただきたいのです。

そして、その中には必ず一生の財産とも言うべき仲間や協力者がいるので、そんな仲間と一緒にビジネスを発展させていっていただきたいと思います。

本書の発刊に当たり、お世話になっている皆様にお礼を言いたいと思います。

まず最初に、私の両親と家族、メンターであるクリス岡崎氏、マークムネヨシ氏、本書を担当し私を出版に導いてくれた、同文舘出版の古市達彦編集長。

本書の推薦文を書いていただきました、日本コンサルタント協会代表理事の太田宏氏、レジェンドグループの國武栄治会長、ベストセラー作家の田口智隆氏、株式会社ベクトルの村川智博社長、株式会社アールナインの長井亮社長、就活のカリスマこと上原隆氏、ebay オークショニストの藤木雅治氏。そして有限会社マグ広告ドットコムの丸山純孝社長。

先輩著者で出版についていろいろとご指導いただいた林俊之氏、金城実氏。

「成功志縁塾（岡山）」を一緒に運営してくれている、ゴールドメンバーである長綱茂雄、川上賢人、杉本直哉、石原将英、大島秀彰、増成幸子、安永吉光、繁田薫、他受講生の皆様。「成功志縁塾（東京）」を運営してくれている、久保正英、荒井孝育、他受講生の皆様。「成功志縁塾（大阪）」を運営してくれている、桜井一宇、勝谷信一郎、他受講生の皆様。

実践型起業塾である「岡山ビジネスアカデミア」（公開講座）に講師で登壇していただきました加藤洋一、吉村省吾、難波卓の各先生の方々と、岡山ビジネスアカデミアでともに学んでいる松本悠助、和田泰実、まなべゆういち、岩永直樹、湯浅泰浩、大久保優磨、高橋勇志、はなふさひでき、尾古智一、清水美江、加賀琢也、中西竜太、難波和弘、山本まいこ、信定努、杉本幸恵、藤本文恵、大石恵理子、赤木雄次、他講座に参加してくれた受講生の皆様。

「夢の快続団」として一緒に養護施設を応援している、山田主税、神尾真理、片山直人、斉藤尚志、吉田猟、中山真里、梅木貴史、武智薫、他イベントに参加いただき、ご支援してくれた皆様。

私にコンサルタントとしてのすべてを教えてくれた、日本コンサルタント協会の講師である青池俊彦、並木将央と、岡山でコンサルタントとしてともに学びを行なってくれている岩藤孝一、高澤靖子、岡井克孔、濱野雄一、本城真由美、藤本佳久、田中緑、中澤繁信、太田沙織、金地俊彦、他日本コンサルタント協会関係者の皆様。

そして、コーチングを教えてくれたスピードコーチング社の講師の皆様。コーチングをともに学んだ同志とも言える東京の斉藤典子、吉田寛章、細井洋子、大阪の中森利一、中森玲子、橋本久美香、おだはらゆり、土谷浩之、石原健治、大塚真一、遠藤聡、浅井亮将、他スピコチ受講生の皆様。

岡山ビジネス書出版会議でご一緒させていただいている加藤学、斎藤元有輝、髙橋智則、大石真、岡野裕子。

ビジネス書の著者仲間である山田浩三、林直樹、中川信介、下間学、石井香里。

その他、ビジネスおよびプライベートで私と関わっていただいているすべての皆様、本当にありがとうございます。（お名前は順不同、敬称略）

赤松　範胤

本書を推薦します！

【太田宏　一般財団法人日本コンサルタント協会代表理事】

赤松範胤さんは、地方で活動する経営者・コンサルタントとして理想の形を示すことに成功しています。その秘密のカギがここにあります!!

【國武栄治　株式会社レジェンドクリエイティブ（他11社）会長】

赤松さんは体は大きいが、見た目と違い優しい方です。優しいだけでなく、コンサルタントとしてかなり優秀です。私は12社を経営する現役の経営者で、講演家ではないのですが、私の話を岡山の方々に聞かせたいとごり押しして、私を説得しました。このとき、この男はかなりできるコンサルタントだと確信しました。

【村川智博　株式会社ベクトル代表取締役】

経験と実績に基づき、最小の努力で最大の成果を生む術が集約された、赤松流ビジネス論！
彼のコミュニティ「成功志縁塾」にはいつもたくさんの「笑顔」が溢れています。私も自信を持って本書を推薦いたします!! 悔しいですが、赤松さんは私のライバルです。

【長井亮　株式会社アールナイン代表取締役】

机上の空論ではなく、実際の経験に基づいた体系だったノウハウが詰まっており、コミュニティづくりが一から理解できました。また実行しやすいレベルにまで落として説明されているので、今日から実践できることがたくさん詰まっています。

【田口智隆　累計50万部著者・株式会社ファイナンシャルインディペンデンス代表取締役】

赤松さんならではの実体験に基づかれたコミュニティづくりのノウハウが、誰でも実践しやすいレベルに落とし込まれています。大変参考になりました！

【上原隆　就活のカリスマ・キャリアコンサルタント】

地元岡山のコミュニティ繁栄のために、全国を飛び回って学び続ける赤松さん。その「利他の想い」が詰まったこの本が1人でも多くの同志に届けられ、さらなる感動の連鎖が起きることを願っています！

【藤木雅治　オークショニスト・『「eBay」で月50万円稼ぐ法』著者】

赤松さんが、以前よりコミュニティを大切にビジネスをされていることは存じていました。手法までは知らなかったのですが、本書では良い仲間と一緒にコミュニティをつくり上げていくノウハウが詳細に書かれています。

赤松さんを知るとよくわかるのですが、赤松さんの周りの人たちが素敵な人々ばかりで驚かされます。これはひとえに赤松さんが、まずは利他の精神を持ってビジネスをされている証拠だと思います。

コミュニティをしっかりと運営することで、主催者の純粋な趣旨が伝わることにより、段々と地域Ｎｏ．１コンサルタントになれると確信しました。

赤松さんのように利益ではなく、ぶれない〝志〟を持って行動することで、本当の意味での成功するコンサルタントになれるのです。地域一番を目指している方は、コンサルタントという職種ではなくても、ぜひ一読されることをお勧めします。

著者略歴

赤松 範胤（あかまつ のりつぐ）

1970年、岡山県生まれ。経営コンサルタント、一般財団法人日本コンサルタント協会マスタービジネスコンサルタント。2008年株式会社インスタイル設立。初年度年商４億1000万円。2010年コンサルティング事業を開始。現在進行形でビジネスを行なっている経験に基づいた、「実践的なコンサルティング」と「売上アップの仕組みづくり」を得意とし、経済産業省の後援事業である起業家支援の「ドリームゲート」が主催する「ドリームゲートアドバイザーグランプリ2011」において中国／四国エリア第1位を受賞。これまでに支援した企業は100社を超え、サラリーマンや主婦の週末起業から、年商50億円の中小企業まで幅広く成功に導いている。異業種勉強会である「成功志縁塾（岡山）」塾長。岡山ビジネス書出版会議主宰。

◉問い合わせ先
株式会社インスタイル
TEL 086-244-7311
E-mail akamatsu@supportive.jp
http://www.supportive.jp

地域コミュニティをつくって稼ぐ
地域 No.1 コンサルタントがしていること

平成 27 年 12 月 24 日　初版発行

著　者 —— 赤松　範胤
発行者 —— 中島　治久

発行所 —— 同文舘出版株式会社

東京都千代田区神田神保町 1-41　〒 101-0051
電話　営業 03（3294）1801　編集 03（3294）1802
振替 00100-8-42935　http://www.dobunkan.co.jp

©N.Akamatsu ISBN978-4-495-53301-4
印刷／製本：三美印刷　Printed in Japan 2015

JCOPY 〈出版者著作権管理機構 委託出版物〉

本書の無断複製は著作権法上での例外を除き禁じられています。複製される場合は、そのつど事前に、出版者著作権管理機構（電話 03-3513-6969、 FAX 03-3513-6979、 e-mail: info@jcopy.or.jp）の許諾を得てください。